PENSEZ GRAND

Données de catalogage avant publication (Canada)

Murphy, Ben

    Pensez grand: vous aussi avez droit au bonheur et à la richesse!

    (Collection Psychologie)

    ISBN 2-7640-0469-9

1. Influence (Psychologie). 2. Persuasion (Psychologie). 3. Attraction interpersonnelle. I. Titre. II. Collection: Collection Psychologie (Éditions Quebecor).

BF774.M87 2001   153.8'52   C00-942298-6

LES ÉDITIONS QUEBECOR
7, chemin Bates
Outremont (Québec)
H2V 1A6
Tél.: (514) 270-1746

©2001, Les Éditions Quebecor
Bibliothèque nationale du Québec
Bibliothèque nationale du Canada
ISBN: 2-7640-0469-9

Éditeur: Jacques Simard
Coordonnatrice de la production: Claire Morasse
Conception de la couverture: Bernard Langlois
Illustration de la couverture: MasterFile
Correction d'épreuves: Jocelyne Cormier
Infographie: René Jacob, 15e Avenue

Nous reconnaissons l'aide financière du gouvernement du Canada par l'entremise du Programme d'Aide au Développement de l'Industrie de l'Édition pour nos activités d'édition.

Gouvernement du Québec – Programme de crédit d'impôt pour l'édition de livres – Gestion SODEC.

Ben Murphy

PENSEZ GRAND

Vous aussi avez droit au bonheur et à la richesse

LES ÉDITIONS
Quebecor

INTRODUCTION

*Vous ne pouvez pas connaître
avant d'avoir vous-même expérimenté.*

P uisque vous tenez ce livre entre vos mains, vous devriez retenir dès maintenant que vous pouvez être maître de toutes les situations, à condition, bien sûr, d'en être parfaitement convaincu et d'avoir une attitude positive. La crédibilité d'une personne et, par conséquent, son succès, ses victoires et ses performances sont garants de sa réussite en rapport avec le pouvoir qu'elle peut exercer sur autrui.

Vous verrez, au fil des pages de ce livre, comment la force de persuasion, la puissance de la séduction, l'influence et le pouvoir fonctionnent entre les gens du même sexe ou de sexe opposé. De plus, vous apprendrez comment acquérir ce potentiel pour avoir désormais le droit de penser grand.

La sincérité détermine le degré de confiance que les gens vous accorderont ; plus vous serez sincère dans vos activités et dans vos manœuvres destinées à vous ouvrir le plus grand nombre de portes, plus cette qualité vous sera acquise. L'intégrité – dont l'honnêteté et la probité sont quelques-uns de ses synonymes – est le support sur lequel s'appuient la confiance et le respect. Si ce n'est pas le cas, il est impossible à quiconque d'avoir le pouvoir d'influencer qui que ce soit ou, tout au moins, de pouvoir le faire à long terme.

Être intègre, c'est d'abord faire passer le sens de la moralité avant ses intérêts personnels. Il faut travailler sur soi-même pour renforcer et pour acquérir cette qualité fondamentale. Les gens devenant de plus en plus méfiants et soupçonneux, il devient difficile, à l'heure actuelle, de gagner leur confiance. Cependant, la confiance constitue la base de toute relation, que celle-ci soit amoureuse, amicale, professionnelle, spirituelle, réelle ou virtuelle. Il faut aussi toujours garder à l'esprit qu'en aidant les gens à réussir, vous vous aidez à réussir vous-même ; c'est la loi du boomerang.

Dans cette même perspective, retenez qu'il vous faut savoir tenir vos promesses, car une promesse non tenue constitue un grave manquement à vos devoirs. Plutôt que de promettre, si vous n'êtes pas tout à fait certain de pouvoir respecter la parole donnée, ne vous engagez pas. Le sentiment de trahison ressenti par une personne à qui l'on refuse ce sur quoi elle comptait, parce qu'on le lui avait promis, est un sentiment désagréable qui ne peut que se retourner contre vous et vous faire perdre cette confiance, pourtant si chèrement acquise. En ne tenant pas une promesse, vous perdez votre crédibilité, et c'est un peu comme si vous brisiez le maillon d'une chaîne. En effet, la promesse crée une attente et des espoirs, rarement raisonnés ou rationalisés, et leur non-respect prend une ampleur démesurée – ce qui, chez certaines personnes, prend l'allure d'une catastrophe. Pas étonnant, après cela, que les gens déçus vous retirent leur confiance.

Mais pourquoi parler de confiance, d'influence et d'intégrité dans un livre dont le titre est *Penser grand*? Eh bien! essentiellement, c'est que c'est grâce à ces qualités que non seulement vous pourrez penser grand, mais aussi, et surtout, agir de façon à atteindre vos buts ou à concrétiser vos rêves.

CHAPITRE 1

LES DANGERS QUI VOUS GUETTENT

*Les autres œuvrent
pour vous stopper momentanément ;
il n'y a que vous à pouvoir
vous stopper définitivement.*

P eu importe les circonstances, et ce, sur n'importe quel plan, seul ou devant qui que ce soit, verbalement ou en pensée, ne vous dépréciez jamais. L'autodépréciation est la plus grande barrière qui nous empêche de penser grand ; elle est une action creuse et stérile. Non seulement elle n'apporte rien, mais elle mutile et éclabousse aussi un peu plus votre estime personnelle.

Combien de fois n'avez-vous pas entendu : « Je ne suis pas assez intelligent », « Je veux bien essayer, mais je suis certain d'échouer » ou encore « Je n'ai ni la formation ni le temps pour y arriver », avec pour résultat que les gens se condamnent à faire un travail qu'ils n'aiment pas ou qui ne leur convient absolument pas, mais qui leur assurera une certaine sécurité financière. Ce faisant, ils détruisent les rêves qu'ils auraient pu concrétiser et abdiquent devant ce qu'ils nomment le *destin*, refusant de croire que ce sont eux qui construisent de leurs propres mains le cachot qui les fera mourir lentement. À la limite, on pourrait presque dire qu'il s'agit là d'une forme de suicide à petit feu.

Parfois, les gens en viennent aussi à douter vraiment d'eux-mêmes et à se dénigrer, essentiellement à cause de l'influence d'autrui ou des parents. L'idée de penser grand ne sera pas naturelle – il y aura des efforts à faire pour l'assimiler et la mettre en pratique.

En revanche, si les membres de votre entourage (parents, conjoint, enfant, beaux-parents, amis, etc.) vous soutiennent dans vos projets, stimulent votre énergie, vous réconfortent quand vous en avez besoin, vous exhortent à continuer quand vous avez envie de tout abandonner et si, de surcroît, vous avez eu des parents et des éducateurs qui n'ont jamais manqué de vous encourager et de vous épauler depuis toujours, le processus de penser grand sera quelque chose qui ira presque de soi.

QUATRE PRÉCEPTES À RETENIR

1. Il n'y a pas cent manières pour contrer la concurrence, et la meilleure est incontestablement celle de vous arranger pour être... *le meilleur !* Cherchez toujours à élargir le champ de vos compétences, à vous perfectionner au maximum dans votre secteur d'activité. Apprenez en outre à écouter les suggestions et les conseils qui vous sont prodigués par des gens avisés et positifs, même si ce sont des subalternes ou des gens réputés moins compétents que vous. Qui sait, peut-être ont-ils une vision des choses et du monde différente de la vôtre ?

   Grâce à la visualisation créatrice, sur laquelle nous reviendrons au fil des pages, devenez visionnaire. N'oubliez pas que pour être perçu comme un gagnant, il faut que vous sachiez oser, foncer, innover, bref, être à l'avant-garde afin de vous distinguer des autres.

2. Souvenez-vous par ailleurs que le subconscient fonctionne vingt-quatre heures sur vingt-quatre – eh oui ! même lorsque vous dormez – et qu'il n'est efficace que dans la mesure où les instructions et les ordres qu'il a reçus sont clairs, nets et précis. Il

ne pourra véritablement réagir et vous faire agir que lorsqu'il aura été suffisamment et puissamment sollicité par le conscient; qu'il ne pourra vous autoriser à penser grand que lorsqu'il sera en parfaite harmonie, en parfaite symbiose avec votre moi volontaire.

3. Il faut – et c'est une condition *sine qua non* de la réussite – que vous puissiez, le temps d'un claquement de doigts, voir nettement et précisément vos objectifs.

4. N'essayez pas, comme on dit en langage populaire, de « mettre la charrue avant les bœufs » ! Ne perdez pas de vue que pour apprendre correctement à penser grand, il faut que vous avanciez pas à pas. Cet apprentissage n'est pas nécessairement facile, mais il le deviendra un peu plus à chaque pas que vous ferez, à chaque victoire que vous remporterez. Commencez par viser de petits objectifs, puis, en persévérant, vous serez en mesure de viser plus haut, plus grand, de décider de vos pensées et de vos actes.

VOS ÉCHECS VOUS FONT AUSSI AVANCER

Nul ne peut, toute sa vie durant, ne récolter que des victoires; après tout, nous ne sommes que des humains – et l'erreur est humaine. Certes, certains diront que c'est la loi des probabilités, d'autres que c'est le destin ou peut-être la fatalité. On a un jour écrit à ce propos que « la fatalité, c'est l'excuse des âmes sans volonté ». Si, dans le cas de la mort, d'une catastrophe naturelle comme une éruption volcanique ou un tremblement de terre, il y a effectivement fatalité, parce qu'il s'agit de situations auxquelles on ne peut absolument rien changer, contre lesquelles il est impossible de lutter, les échecs, tout comme les victoires d'ailleurs, n'ont absolument rien à voir avec la fatalité. Il s'agit d'ailleurs d'un mot que vous n'avez PAS le droit d'utiliser dans l'application des principes du penser grand.

Les échecs n'arrivent pas *par hasard*!

Prenons l'exemple de la conduite automobile. Entre le moment de votre initiation comme conducteur et l'obtention de votre permis, vous aurez très certainement commis quelques erreurs, lesquelles sont par ailleurs indissociables de l'expérience que vous avez à acquérir. Vous les faites alors que vous n'êtes qu'un apprenti et elles ont justement pour but de vous apprendre rapidement à éviter de les commettre de nouveau lorsque vous serez seul au volant, minimisant ainsi d'autant les risques d'accidents dans l'avenir.

Sans verser dans le négativisme ou le défaitisme, il faut admettre que l'expérience – et dans quelque domaine que ce soit – ne grandira qu'avec les erreurs et les échecs, à la condition, bien entendu, que vous fassiez une analyse et une recherche approfondies sur la ou les causes reliées à ces erreurs ou à ces échecs.

Non, l'expérience ne s'achète pas!

Si vous analysez un de vos échecs, demandez-vous si vous aviez véritablement mis toutes les chances de votre côté; si vous aviez la quantité d'énergie positive nécessaire pour empêcher l'échec; si vous désiriez vraiment, au-delà des mots, réussir dans cette entreprise. Y avez-vous investi tout le temps requis? Étiez-vous suffisamment motivé ? Aviez-vous réellement la con-viction que vous alliez vers une réussite ? Allez ! Vous n'êtes pas là pour vous vilipender, inutile donc de vous accorder les *circonstances atténuantes* pour vous décul-pabiliser de votre erreur, ce n'est pas ainsi que l'on avance. Admettre ses fautes, c'est se pardonner. Toute-fois, pour en ressentir vraiment les bienfaits, il faut le faire avec le plus de sincérité possible, un peu comme une prière.

Il nous arrive aussi parfois de commettre des ac-tions dont nous savons pertinemment, à l'avance, qu'elles vont générer des fautes ou des pertes et en-traîner des sanctions. Pourtant, nous les commettons quand même ! Il est vrai que l'être humain a tendance à toujours répéter les mêmes erreurs, un peu comme s'il voulait se prouver, d'une fois à l'autre, que cette fois-ci ça marcherait – mais, un jour ou l'autre, ce com-portement sera corrigé et force sera alors d'admettre qu'il était critiquable.

Sachez qu'il y a toujours moyen de trouver une solution à quelque problème que ce soit.

Toute pensée a un pouvoir *magnétique*, c'est-à-dire que si vous pensez négatif, vous alimenterez votre conscient qui se convaincra, et vous convaincra du même coup, que vous n'avez pas les outils nécessaires pour agir et pour réussir. En revanche, si vous pensez positif et que vous alimentez votre conscient dans ce sens, il se convaincra, et vous convaincra également, que vous êtes outillé pour agir et pour réussir.

Mais n'abdiquez pas devant les revers ou les échecs !

Certes, pour y voir plus clair quand il nous arrive un pépin, il est indispensable de prendre du recul, d'examiner la situation avec objectivité, comme une personne de l'extérieur le ferait. Nous avons tous tendance à vouloir solutionner les problèmes à l'instant même, en sachant pourtant bien que ce n'est pas possible.

Le temps ne peut être que votre allié; apprenez donc à l'exploiter et à en tirer profit. Cela ne signifie pas de rester passif devant les situations, mais s'accorder simplement un temps de réflexion nécessaire avant d'agir (ou de réagir) avec détermination, volonté et courage.

Pensez un peu à ces grands ménages de printemps que l'on fait et au cours desquels l'on vide ses armoires, ses placards, où l'on se débarrasse des vieilleries que l'on a accumulées. Aussitôt fait, la maison prend un air nouveau. Faites donc de même avec vos idées et vos comportements; réoxygénez-vous, réapprovisionnez-vous en énergie et en pensées neuves.

Alors, vous serez en mesure de penser grand.

AIDE-MÉMOIRE

- Cherchez toujours à savoir quelles sont les causes fondamentales d'un échec ; faites aussitôt un bilan de façon à éviter de commettre les mêmes erreurs la prochaine fois.

- Ne rejetez pas vos fautes ou vos erreurs sur le dos de la fatalité ou de la malchance ; remettez-vous vous-même en question à chaque erreur. Les échecs ne vous tombent jamais dessus par hasard !

- Faites en sorte de renouveler vos approches et vos stratégies concernant vos déboires ou vos insuccès, et ne perdez pas de vue que vous avez toujours des buts à atteindre, à court, à moyen ou à long terme.

- Apprenez à vous autocritiquer, mais sans confondre l'autocritique avec l'autodépréciation. L'autocritique est absolument indispensable, dans la mesure où elle est faite d'une manière positive et constructive. Étudiez consciencieusement vos points faibles et mettez tous vos efforts pour les transformer en points forts.

CHAPITRE 2

LA BONNE VISION
DES CHOSES

Si vous n'aimez pas la direction
que prend la rivière,
n'y plongez pas !

On dit que ce qui caractérise un gagnant, c'est son optimisme. Soyez d'abord et avant tout optimiste par rapport à vous-même, car si l'optimisme est contagieux, il n'affecte que ceux qui veulent bien être contaminés ! Si votre pensée est saine et créatrice, votre corps réagira en fonction de celle-ci, avec plus d'énergie et de bien-être. En revanche, si vos émotions sont négatives, ne vous étonnez pas de souffrir de maux de tête ou de dos, ou encore de malaises qui peuvent aller jusqu'aux ulcères. Changez donc votre mode de vie – et, surtout, de pensée – et préparez-vous à devenir mentalement et physiquement un être qui sait penser grand afin de réaliser tout ce dont il a envie.

Il est important de s'exprimer d'une façon positive tout au long de vos journées, d'essayer de voir – et, d'une certaine manière, d'en profiter – tout ce qu'il y a de bon chez les personnes que vous rencontrez ou que vous côtoyez. Grâce au positivisme, vous aurez la possibilité de régler tous vos problèmes, les grands comme les petits.

Comment ?

Pour commencer, dressez-en la liste en notant d'abord ceux qui sont les plus urgents, qu'ils soient d'ordre professionnel ou personnel, puis décrivez-les en une ou deux phrases. Ensuite, cherchez la solution, un peu comme si l'un de vos amis vous avait soumis un problème à résoudre. Le seul fait de considérer vos ennuis de cette façon, c'est-à-dire comme si vous les voyiez de l'extérieur, vous permet d'être plus objectif et de vous sentir, d'une certaine manière, moins concerné par ceux-ci. Par conséquent, en apprenant à relativiser l'importance de vos ennuis, vous aurez en quelque sorte la capacité de les envisager sous un angle différent, d'être plus apte à les analyser sous toutes leurs facettes et, finalement, de les résoudre avec une facilité qui vous étonnera. D'autant plus que vous écarterez la tension qui peut l'accompagner, que vous garderez le contrôle de vos émotions et que vous serez plus lucide et perspicace que votre entourage. N'oubliez pas que nous sommes tous des émetteurs-récepteurs et, en ce sens, que votre conversation est le reflet de votre pensée consciente et subconsciente. Alors, parlez de façon positive.

Cela dit, pour susciter l'optimisme et pour révéler le côté positif des autres, encouragez-les et félicitez-les quand ils font quelque chose de bien. Vous n'en tirerez que des satisfactions. Certaines personnes croient qu'en approuvant les autres, en les félicitant pour leurs bons coups, ils affaibliront leur propre pouvoir. Non seulement cela est-il tout à fait erroné, mais cela témoigne aussi d'une certaine forme de jalousie et d'envie. Complimenter les autres ne diminue en rien vos propres mérites, au contraire, cela révèle une grande générosité et constitue un excellent indice de confiance en soi.

Le comportement optimiste est un état d'esprit. On apprend à l'être en commençant la journée du bon pied, en chantant sous la douche, en sifflotant et en souriant en prenant le petit déjeuner, en imaginant que la journée se déroulera de belle façon. Écoutez une cassette positive, évitez de lire des journaux porteurs de mauvaises nouvelles ou des magazines à sensations ; lisez plutôt des choses qui vous apporteront quelque chose de bénéfique. Les gagnants sont particulièrement conscients de leur image mentale qui agit sur leur sub-conscient.

LES SECRETS DE L'IMAGERIE MENTALE

Comme l'image mentale ne naît pas d'elle-même, vous devez agir de façon à créer une image mentale positive de vous-même. Consacrez environ une trentaine de minutes par jour à rêver que vous accomplissiez ce qui vous tient le plus à cœur. Prenez le temps de lire la biographie d'une personne qui a réussi, tout en réfléchissant profondément à ce que vous aimeriez vous-même entreprendre. Même si chaque cas est personnel et les expériences propres à chacun, lire des biographies de gens qui ont pensé grand ne peut que vous aider à voir et à comprendre le processus qui mène d'une simple idée (ou d'un but, ou d'une passion) à sa concrétisation.

Par exemple, en lisant la biographie d'un gagnant, allez jusqu'à imaginer que vous êtes cette personne. Afin d'atteindre et de toucher l'endroit le plus profond de votre subconscient, si vous le pouviez, il vous faudrait visualiser vos images mentales comme si elles existaient en trois dimensions! Vous rendez-vous compte de l'impact que celles-ci auraient pour vous aider à atteindre vos buts? Le 3D existe déjà, certes, mais s'il nous était possible de l'adapter au subconscient, nous pourrions réaliser ce que nous voulons, c'est-à-dire visualiser ces triomphes que nous avons imaginés.

Histoire de vous aider à devenir plus réceptif, vous pouvez employer un programme de détente, de méditation, d'autosuggestion ; faire usage de cassettes, de livres sur la puissance du mental, etc. La visualisation peut se faire dans n'importe quelle situation, sur n'importe quel sujet. Par exemple, vous aimeriez rencontrer votre âme sœur, la femme ou l'homme de vos rêves. Eh bien, cela est parfaitement possible ! Représentez-vous, dans votre imaginaire, comment vous aimeriez que cette personne soit, tant sur les plans intellectuel et spirituel que sur les plans physique et psychique. Imaginez que vous la rencontrez par hasard ; cultivez des images précises, comme un film que vous vous passeriez très souvent. Vous êtes ce que vous pensez, vous le savez ; vous êtes aussi en partie ce que vous désirez, vous le savez également. Mais retenez que vous êtes aussi ce que vous *croyez* profondément, même sans en avoir conscience.

Cela dit, il faut aussi se rendre compte que certaines croyances et convictions sont profondément ancrées en vous, et que ce sont souvent elles qui vous mettent des bâtons dans les roues quand il s'agit d'aller plus vite ou plus loin. Il vous faut donc abattre ces vieilles certitudes, souvent inculquées au cours de l'enfance, et les remplacer par de nouvelles ; il vous faut redevenir le maître de votre navire et tenir vous-même le gouvernail. Il faut reprogrammer votre inconscient en lui fournissant de nouvelles données sur ce que vous êtes, mais aussi sur celui que vous voulez devenir.

Pour reprendre l'exemple précédent, plus vous vous concentrerez sur le partenaire idéal – en visualisant le maximum de détails –, plus vous créerez de chances de le rencontrer. Vous voulez connaître

l'amour avec une personne douce, intelligente, élo-
quente, eh bien, soit ! Imaginez-la ainsi, inventez votre
première rencontre, repassez ce film cent fois, mille fois
dans votre tête et augmentez chaque fois vos chances
d'obtenir ce que vous désirez.

Ce processus mental ne s'applique pas que dans
les situations de recherche de l'âme sœur, mais également dans toutes les situations de la vie quotidienne,
bien que, par paresse sans doute, la majorité des gens
ne l'utilisent que dans les situations où l'enjeu est de
taille. Depuis plusieurs années, nous avons entendu
de nombreux athlètes parler de la visualisation créatrice, une méthode qui leur a permis de connaître le
succès ; des milliardaires partis dans la vie avec quelques
dollars en poche en ont également parlé ; de nombreux
chefs d'entreprises en ont également – et abondamment
– vanté les mérites ; des vedettes de cinéma, parties de
rien, des mannequins internationaux, découverts « par
hasard » dans leur petit village… Tous ont parlé, en
quelque part, de la visualisation créatrice comme étant
le début de la réalisation de leur rêve ! Nous y reviendrons en détail un peu plus loin.

VISEZ JUSTE

Nous sommes libres d'orienter notre vie comme nous
le désirons, que ce soit sur les plans professionnel,
social ou affectif, mais nous devons agir, prendre nos
décisions et canaliser nos objectifs d'après nos convictions et nos possibilités. Les capacités de chacun sont
immenses, bien qu'il appartienne à chaque personne

de voir ce qu'elle peut se permettre de faire, tout en respectant son échelle de valeurs.

Prenez dès aujourd'hui le contrôle de votre vie. Dirigez-la, faites en sorte qu'elle obéisse à vos ordres. Orientez votre carrière professionnelle dans le domaine où vous êtes le plus susceptible d'exceller, pour atteindre les plus hauts niveaux. Faites ce qui vous plaît le plus, en le rentabilisant au maximum. Personne ne peut vous influencer sur des décisions que vous prenez et auxquelles vous faites confiance. Décrétez dès maintenant : « Je ne me laisserai pas diriger par les autres, ni en tenant compte de ce que ces autres peuvent penser de moi, car je n'ai pas peur de leur influence et de leurs jugements à mon égard. Nul n'a le droit de juger mes choix et mes décisions. » Attention, n'agissez pas à l'aveuglette ! Il est important – pour ne pas dire essentiel – de faire une liste de vos choix, de vos buts, de vos objectifs. Définissez, par exemple, ce à quoi vous aspirez : « Je désire avoir toujours une santé de fer », « Je désire devenir riche et prospère », « Je veux devenir un écrivain reconnu, un musicien renommé, savoir peindre ou chanter… », « Je souhaite créer mon entreprise », etc. Puis, tracez un plan, définissez-en les étapes comme autant d'échéances. Comme le subconscient agit aussitôt qu'on lui projette une idée, il fera tout ce qui est en son pouvoir pour concrétiser ce désir, même à votre insu.

Convenablement programmé, il fera son travail tout seul. Ou presque.

Redisons-le, les gagnants ont des plans biens définis, auxquels ils se réfèrent constamment ; ils ont des objectifs précis, concrets qui doivent être atteints sur une base quotidienne, hebdomadaire, mensuelle ou annuelle. Certaines personnes qui savent vraiment penser grand cultivent et entretiennent même des rêves et des ambitions qui s'étendent sur toute une vie ! Il est donc primordial que vous sachiez définir clairement vos objectifs et que vous puissiez vous y référer au besoin.

Pensez à des actions qui mènent à un but, et bien que celui-ci puisse être très différent d'une personne à une autre, il est toujours un moteur dont la puissance varie selon son importance. Pour certains, ce sont les choses fondamentales de l'existence qui comptent et qui importent ; pour d'autres, c'est l'amélioration du quotidien ; pour d'autres encore, c'est la progression sur le plan professionnel. Quels que soient les buts, il demeure extrêmement important de les écrire sur papier avec un maximum de détails afin de pouvoir les accomplir. L'esprit a besoin d'instructions très précises pour pouvoir agir efficacement. Il est un peu comme un ordinateur que vous devez programmer avec le plus de détails, de clarté et de précisions possible pour qu'il réponde parfaitement à vos désirs et à vos attentes. Les personnes qui n'atteignent pas leurs objectifs sont plus souvent qu'autrement celles qui ne les définissent pas de façon suffisamment claire ou qui, bien malgré elles, ne les considèrent pas véritablement réalisables. Les gens qui ont défini explicitement leurs objectifs savent non seulement où ils vont et pourquoi ils y vont, mais aussi combien de temps cela va prendre, ce qu'ils ont l'intention de faire et peut-être aussi avec qui ils le feront – si l'atteinte de l'objectif exige la présence de quelqu'un d'autre. Vous pouvez même établir un plan dont la réalisation s'étendra sur

toute votre vie, pourquoi pas ? Cela dit, peu importe
ce que vous ferez, veillez à agir efficacement afin d'en
retirer le maximum.

AIDE-MÉMOIRE

- Définissez vos buts de façon précise.
- Dressez la liste de vos priorités.
- Faites une liste de vos priorités pour l'année qui vient.
- Déterminez vos objectifs pour le prochain mois, sur un grand calendrier : quoi faire ? où ? avec qui ?
- Utilisez un agenda de poche dans lequel vous pouvez voir votre horaire de la semaine, tout en ciblant les objectifs de la semaine suivante.
- Déterminez vos objectifs du lendemain sur une page et mémorisez-les avant de vous coucher, même si c'est une liste de courses à faire.
- Établissez un plan financier.
- Rassemblez les éléments qui pourraient vous aider à réaliser vos objectifs – coupures de journaux, livres, etc. –, puis allez chercher l'aide dont vous avez besoin. Consultez-les souvent.
- Revoyez vos objectifs avec des gens qui ont déjà réalisé les leurs.
- Fixez-vous des objectifs à court terme, qui sont plus faciles à atteindre. Procédez étape par étape. Vous pourrez éventuellement travailler en groupe.
- Gardez à l'esprit que visualisation plus assimilation égale réalisation du projet.
- Célébrez l'atteinte de l'objectif.

CHAPITRE 3

PENSEZ POUR GAGNER

Si vous ne commencez rien,
il est sûr que vous n'obtiendrez rien.

V ous devez d'abord et avant tout apprendre à vous voir comme un gagnant dans n'importe quelle circonstance : chez vous, au travail, dans vos loisirs. Cela ne pourra cependant se faire sans que vous vous accordiez le droit de faire partie intégrante du « sérail » de la réussite, en vous initiant d'abord au processus du mieux penser, puis en apprenant le fonctionnement de cette complexe machine qu'est l'esprit humain et qui, lorsqu'elle est convenablement huilée et entretenue, permet de penser grand.

Les gagnants aident les autres à être des gagnants, car ils ont tout à y gagner ! Posez-vous les questions suivantes : quels rapports ai-je avec mon environnement ? avec les membres de mon entourage ? avec mes collègues de travail, les membres de ma famille, mon partenaire amoureux, etc.? Rendez hommage aux personnes que vous aimez le plus par un geste, une attention quelconque. Prenez le temps d'encourager et d'écouter une personne plus âgée, de jouer avec des enfants. Entreprenez de faire quelque chose que vous voulez faire depuis longtemps, même si ce n'est qu'une toute petite chose. L'important, puisqu'il faut bien commencer quelque part, c'est d'agir.

Parallèlement à ces activités d'écoute, de don de soi et de générosité, de surcroît si valorisantes pour vous, assurez-vous de faire disparaître de votre entourage les videurs d'énergie, les empêcheurs de tourner en rond, bref, les emmerdeurs de tout acabit, ceux qui n'éprouvent de satisfactions que lorsqu'ils ont mis vos plus beaux projets en charpie.

REFLÉTEZ CE QUE VOUS ÊTES

La première image que vous reflétez lorsque les gens vous aperçoivent et établissent un premier contact avec vous est celle que vous affichez. Cette image est composée d'une foule d'éléments : votre langage, votre gestuelle, votre capacité d'écoute, votre habillement, etc. En d'autres mots, c'est tout ce que vous dégagez en bougeant et en parlant.

Dans les quelques minutes qui suivent ce premier contact, votre vis-à-vis s'est déjà fait une opinion de vous et sait instinctivement si vous avez une attitude de gagnant. Abordez donc votre interlocuteur avec un regard direct, un sourire, une poignée de main franche ; posez des questions sur ce qui est important pour vous. Sachez reconnaître et respecter la valeur des autres, c'est une des meilleures formes de communication ; sachez aussi susciter l'intérêt de la personne qui se trouve en face de vous. Projetez l'idée que vous êtes en pleine maîtrise de vous-même en démontrant et en établissant votre sens des responsabilités, en laissant s'exprimer de vous, par vos mots et vos gestes, votre potentiel et votre esprit positif. Projetez une image mentale positive et créatrice, et gardez présent à l'esprit l'image de vous-même dans un but de plein épanouissement. Soyez conscient de votre valeur si vous voulez que les autres en prennent conscience.

Dans les relations interpersonnelles, il y a une grande règle à respecter : si vous voulez que l'on vous aime, soyez aimable ; si vous voulez qu'on vous respecte, respectez les autres. En d'autres mots : faites aux autres ce que vous aimeriez que l'on vous fasse ! C'est du déjà vu, bien sûr, mais il n'en reste pas moins que c'est toujours à propos.

Vous ne pouvez certes pas changer votre passé ni balayer d'un revers de la main vos expériences négatives ou infructueuses, mais rien ne vous empêche de bâtir aujourd'hui et demain en adoptant des attitudes positives, et en décidant consciemment de changer d'attitude et de comportement.

La vie est faite pour évoluer et chacun non seulement peut, mais doit contribuer à sa propre évolution.

Malgré ce que laissent souvent entendre certains, le succès n'est pas réservé qu'aux plus talentueux, qu'aux plus intelligents ou qu'aux plus riches, mais bien à ceux qui le veulent, le désirent, l'appellent de toutes leurs forces ; ceux qui persévèrent et qui mettent toute leur concentration sur cette fameuse réussite. Abraham Lincoln n'a-t-il pas fait faillite sept fois avant de devenir président des États-Unis ? C'est bien là la preuve qu'il faut vous concentrer sur l'objectif visé, sur le but que vous vous êtes fixé. Visez très haut, même si pour cela vous devez penser à long terme, car les petits projets ne vous motiveront pas à passer à l'action. Le désir de vaincre ne prend jamais congé !

Alors, pensez grand, et agissez !

GAGNER, C'EST QUOI ?

La rumeur veut que les gagnants soient en minorité et qu'ils obtiennent sans effort ce qu'ils veulent de la vie. Certes, ils réussissent d'une façon qui paraît facile, quasi naturelle, mais s'ils y parviennent, c'est aussi parce qu'ils s'impliquent non seulement dans tout le processus de la vie, dans leur travail bien sûr, mais aussi dans leurs relations sociales et au sein de leur famille. De façon générale, ils participent à la société dans laquelle ils évoluent.

Mais paraître et être sont deux, aussi est-il faux de croire, sauf peut-être pour quelques exceptions, que les gagnants reçoivent tout et toujours sans effort. Pour eux comme pour les autres – vous et nous compris –, gagner c'est persévérer dans l'accomplissement de son potentiel, dans la poursuite du succès. C'est se servir de talents innés, mais aussi acquis avec le temps ; c'est donner et recevoir dans une atmosphère d'amour et de responsabilité, c'est partager et aider.

Gagner, c'est une façon de penser et d'être. C'est se comporter, de façon permanente, dans un esprit de réussite. Gagner n'est ni plus ni moins qu'une attitude, et non pas une aptitude.

Le plus grand mécanisme de l'être humain est la pensée. Bouddha a d'ailleurs dit : «Celui qui est le maître de ses pensées est le maître du monde» et, de fait, il s'agit là d'une vérité que nous mériterions de mettre plus souvent en pratique. Soyez objectif dans vos pensées et préparez le présent et l'avenir en les cultivant, un peu à la façon dont vous le feriez pour votre jardin.

On nous apprend à parler, à marcher, à écrire ; à bien se tenir, à bien manger et à toutes ces autres choses qu'il est nécessaire de connaître pour être capables de fonctionner et d'évoluer dans la société. Paradoxalement, bien peu de gens ont appris à penser correctement, mais il conviendrait de dire plus justement que nous nous servons de la pensée sans véritable apprentissage. On la laisse venir, s'installer, prendre la place, parfois même nous envahir, voire nous blesser et, soudain, nous en perdons le contrôle. Quand elles ne sont pas bien gérées, les pensées, comme toutes choses, deviennent effectivement chaotiques et finissent même par agir et faire agir sans qu'il y ait vraiment de prise de décisions consciente de la part du principal intéressé.

Il appartient donc à chacun de se servir de sa faculté de penser à bon escient, de la canaliser dans des énergies positives, ce qui n'est pas si évident que nous souhaiterions le croire, car, de façon générale, nous avons cette fâcheuse propension à négliger les pouvoirs et les possibilités de la pensée – par conséquent, nous ne nous en servons pas toujours adéquatement.

Chaque fois que vous pensez, vous émettez en quelque sorte un contrôle énergétique, et celui-ci peut-être soit positif, soit négatif. Si vous voulez que la pensée émise soit efficace, le subconscient doit être sollicité pour qu'il puisse vous aider à réaliser ce que vous avez demandé. Formulez vos vœux et vos souhaits dans un état de calme et de sérénité ; la haine, la rancune, la jalousie ou l'esprit de vengeance ne peuvent qu'apporter l'agitation et la confusion dans votre esprit.

Vous devez en outre apprendre à formuler vos demandes ou vos pensées au présent ; la pensée étant insensible à la notion de temps, seul l'instant présent, l'immédiat, compte. Il est donc impératif d'employer des mots comme *tout de suite*, *immédiatement* – dans le même ordre d'idées, il va de soi que la formule négative est systématiquement à écarter. Vous devez également retenir que la pensée est capable d'emmagasiner le nombre de souhaits désirés, et quelle que soit leur nature, c'est donc à vous de savoir gérer quotidiennement ces vœux.

La pensée positive est aussi indispensable à vous-même qu'aux autres, et ce, face à n'importe quel événement ou situation. Convainquez-vous – et, du même coup, votre subconscient – que vous pouvez rendre réalisable une action qui, à première vue, semble fort difficile à concrétiser. Ne l'oubliez pas : le parasite le plus destructeur de la pensée (ou de la forme-pensée) est indéniablement le *doute*, car il annihile systématiquement toute idée que vous voudriez positive.

Le principe de création ne peut se faire sans l'intervention de la pensée. Rien ne se perd, rien ne se crée, tout est énergie et tout se transforme. Précédemment, nous vous disions que la pensée est une énergie ; par conséquent, celle-ci ne peut être détruite ; elle peut être positive ou négative, selon la voie que l'on choisit de lui faire emprunter, mais au bout du compte, elle mènera à quelque chose de concret de même nature que les pensées que l'on a entretenues.

Einstein disait que « la matière n'est rien de plus que de l'énergie réduite à son point de visibilité ». Cela nous ouvre de grands horizons, ne croyez-vous pas ? En effet, lequel d'entre nous ne désire pas l'expression ou la matérialisation de sa pensée ? N'est-ce pas d'ailleurs là le rêve de tout individu ? Cela nous conduit à cette maxime dont l'origine se perd dans la nuit des temps : « L'homme est le reflet de ses pensées. » De fait, les pensées s'attirent dans la mesure où elles sont de même nature ; les pensées positives s'alimentent les unes les autres, tout comme les pensées négatives s'entretiennent les unes les autres.

Bref, nous sommes ce que nous pensons.

Nous sommes aussi le résultat de pensées que nous avons entretenues ; nous sommes aujourd'hui ce que nous avons pensé hier, de là la nécessité de faire de bons choix de pensées aujourd'hui pour obtenir ce que nous voulons demain. Plus notre façon de voir les choses est positive et plaisante aujourd'hui, plus nous avons de chances d'avoir une vie riche et heureuse demain. Nos pensées ne font pas qu'influencer ce que nous sommes, mais elles sont aussi, indéniablement, le reflet de ce que nous deviendrons.

Il ne nous reste plus qu'à nous demander – et à décider – si c'est d'une façon constructive ou non que nous le ferons, considérant que nous devons rester le plus possible le maître de nos pensées.

LA QUALITÉ DE VIE

Toutes nos pensées sont à la base de toutes nos réalisations concrètes dans la mesure où elles ont été formulées dans une répétition constante, de façon à en pétrir le subconscient qui, lui, déclenchera leur concrétisation.

La manière la plus pratique et la plus efficace d'y arriver, compte tenu de la multitude d'idées qui traversent notre esprit dans une journée, consiste essentiellement à noter, dans un cahier, les idées les plus positives et les plus constructives qui nous viennent en tête. Cela permet ainsi de les analyser, de les critiquer même, d'en peser le pour et le contre par l'intermédiaire de la méditation (ou de la réflexion) que vous pratiquerez dans la solitude. Il faut écarter celles qui ne vous conviennent pas vraiment tout à fait, car elles s'enregistrent dans ce que l'on pourrait qualifier de « base de données » des pensées négatives.

L'être humain n'est pas venu au monde doté d'une nature fondamentalement négative, mais les craintes et les peurs, les déceptions et les échecs, et parfois davantage les doutes, le rendent forcément inquiet. C'est un état d'esprit qu'il faut apprendre à gérer. Certes, nous avons tous eu (et nous aurons tous, un jour ou l'autre) des pensées négatives à un degré plus ou moins élevé, mais, de façon générale, la proportion de pensées positives reste largement supérieure.

En pratiquant assidûment la pensée positive, vous arriverez à ne penser que positivement, car à toute pensée négative existe une pensée positive. Entretenez vos images positives mentales en pratiquant l'autosuggestion et en gardant seulement le positif de votre vie.

En quelques mots, une personne optimiste est celle qui a très peu souvent de pensées négatives, qui s'adresse aux autres dans des termes et des phrases qui donnent ou laissent entrevoir l'espoir. Pour qu'une idée positive puisse se concrétiser, il faut qu'elle soit en accord avec l'image que la personne projette d'elle-même. L'attitude est la matérialisation de la pensée – et, suivant votre comportement, il est facile de définir quelle est votre façon de raisonner. Il serait utopique de croire que tout est réalisable et que tout se fera tout seul, juste en ayant des pensées positives ; il faut surtout agir, faire des gestes, pour atteindre les buts que l'on souhaite atteindre.

Le premier défi auquel nous sommes confrontés consiste à réagir devant telle ou telle situation d'une façon systématiquement positive. Cette façon de réagir, qui pourra parfois nous sembler incongrue, nous rendra cependant plus réceptifs, nous permettant ainsi d'attirer les occasions, de matérialiser et de multiplier les réussites.

De plus, en agissant ainsi, nous bénéficierons d'une certaine quiétude intérieure qui fera disparaître, sans que nous nous en apercevions, l'anxiété, l'angoisse et les tensions qui brûlent inutilement nos énergies.

Nous avons la possibilité de contrôler nos pensées, mais il nous est également donné de faire la même chose avec nos émotions et nos sentiments, puisqu'ils sont gérés par la pensée. La pratique permanente de la pensée positive nous permet donc d'être toujours, et en n'importe quelle circonstance, de bonne humeur, même lorsque tout n'est pas toujours parfait.

Pour avoir la parfaite maîtrise de votre pensée, comme pour toute chose d'ailleurs, plus vous pratiquerez le principe de la pensée positive, plus vite vous trouverez les solutions aux problèmes qui se présentent.

AIDE-MÉMOIRE

- Soyez fier de vous et affichez cette fierté de façon concrète.

- Soyez conscient de votre valeur, ne vous sous-estimez pas.

- Apprenez à vous servir de vos talents, mais apprenez aussi à les développer.

- Gérez sereinement vos pensées.

- Convainquez-vous que tout est réalisable.

- Vous êtes aujourd'hui ce que vous avez pensé hier.

- Notez quotidiennement vos idées positives dans un cahier et retranchez celles qui ne vous conviennent pas vraiment.

- À chaque mauvaise chose, trouvez les bons côtés – ce ne sera pas facile au début, mais vous y arriverez.

- Une fois alimenté en pensées positives, passez à l'action.

- Réagissez bien devant n'importe quelle situation ; gardez le moral.

CHAPITRE 4

LÂCHEZ PRISE

*Si vous trouvez une solution si bonne
que vous ne vous en remettez plus qu'à elle,
celle-ci deviendra probablement votre prochain problème !*

L a pensée, bien qu'elle soit abstraite, est faite pour agir dans vos actions. Mais pour que l'action soit efficace, il est indispensable, voire impératif, que vous ayez des vues précises dans votre esprit. Si l'image que vous projetez est embrouillée, ne vous attendez pas à mener à terme sa concrétisation, car votre subconscient sera ambivalent. Cette ambivalence fera en sorte que les éléments extérieurs, par opposition à vos pensées, vous mèneront à agir d'une façon ou d'une autre. À l'opposé, si votre image mentale est claire, ce sera vous qui influencerez les éléments extérieurs pour les contraindre à réagir selon votre volonté. Plus vous focaliserez clairement sur l'objectif, plus celui-ci prendra corps.

Pour obtenir une vision la plus nette possible de l'image mentale que vous vous êtes forgée, vous devez impérativement vous débarrasser des parasites qui la brouillent, un peu comme lorsque vous n'arrivez pas à capter distinctement la station de radio que vous cherchez. Les interférences sont les mêmes que pour les images que vous n'arrivez pas à visualiser correctement. Lorsque vous aurez atteint la netteté de votre *piqué d'image*, pour employer une expression du langage cinématographique, vous devrez l'agrandir pour qu'elle prenne toute la place dans votre esprit, pour qu'elle soit unique dans la conscience – n'oubliez pas que c'est elle qui gère efficacement l'action. N'hésitez donc pas à passer votre film au ralenti pour en analyser les moindres détails.

Ces représentations-projections déterminent la façon par laquelle vous allez agir ; par conséquent, plus elles seront nettes, plus les chances de concrétisation augmenteront. Ce principe de visualisation s'applique bien entendu sur tous les plans de votre vie, affectif, amoureux, amical et professionnel ou autres.

Essayez de développer au maximum votre acuité sensorielle et de vivre avec intensité tous les gestes que vous faites, les mots que vous employez, l'influence positive de votre environnement direct, l'interaction avec les autres. Si, à un moment de votre vie, vous avez déjà vécu le genre de situation que vous voulez voir se reproduire, souvenez-vous le plus précisément possible des émotions que vous avez ressenties – vous devez retrouver intérieurement ce que vous avez véritablement ressenti à ce moment-là. Vous y arriverez, à condition de focaliser au maximum sur les images. Si c'est une nouvelle situation, prenez le temps de vous imprégner des sentiments, de les assimiler jusqu'au plus profond de vous-même.

Vous pouvez également agir de la même façon sur une expérience qui a été négative dans votre vie afin de vous débarrasser de ses séquelles ; essayez alors de vous rappeler exactement ce qui s'est passé, de revivre ce que vous avez ressenti à ce moment-là, puis analysez et cherchez à comprendre. Imaginez ensuite la façon dont vous vous comporteriez aujourd'hui dans cette même situation. Corrigez ce qui aurait dû l'être à ce moment-là, puis pensez aux effets positifs qui auraient découlé, qui en découlent maintenant et leurs conséquences dans le futur.

LIBÉREZ-VOUS!

Pensez-vous avoir bien réussi votre vie professionnelle? votre vie sociale? votre vie amoureuse et affec-
tive? Êtes-vous bien certain d'avoir réussi à accéder
à cette réussite que vous vous souhaitiez auparavant?
Ne croyez-vous pas que vous vous raccrochez à un certain nombre de choses qui vous empêchent d'avancer,
d'aller plus loin?

Remarquez qu'il arrive que nos comportements
soient aussi inattendus qu'étranges! Nous courons tous
après cette merveilleuse liberté et, lorsque nous pensons l'avoir, nous ne savons plus qu'en faire! Nous
nous raccrochons à tout ce qui bouge et nous devenons,
conséquemment, dépendants de cette fameuse liberté,
comprenant qu'elle s'arrête là où celle des autres commence.

Lorsque, liberté en main, vous essayez de penser
à vous – ce que, d'ordinaire, en toute légitimité, les gens
s'empressent de faire –, vous avez tout à coup l'impression ou la sensation (pas toujours agréable,
d'ailleurs) d'être livré à vous-même, d'être… inutile.
La première réaction consiste alors à vous créer de nouveaux besoins, de nouvelles dépendances pour ne plus
avoir à flotter entre ciel et terre avec cette liberté dont
on ne sait plus vraiment quoi faire. Il apparaît alors évident que vous ne savez pas trop ce que vous voulez.
Il s'agit là encore d'un problème de détermination,
causé par un manque de confiance en soi. Pourtant,
vous le savez, ce n'est pas le potentiel qui vous
manque, ni la force, ni le courage; il ne manque en fait
que la confiance en vous pour vous rendre ô combien
plus heureux!

Dans une telle situation, il est donc préférable de lâcher prise plutôt que de rester craintivement prisonnier de vos peurs, de vos doutes et de vos ignorances. En d'autres termes, il vous faut faire le ménage en rapport avec tout ce qui vous paralyse. Il vous faut, à tout prix, lâcher prise sur ces peurs, ces doutes et arriver à chasser votre sentiment d'insécurité face à l'avenir surtout, bien sûr, mais aussi face au passé –, cet *horrible* sentiment d'insécurité qui vous gruge comme un cancer.

Faites le ménage à fond, dépoussiérez vos pensées ; dites-vous que vous ne devez garder que le merveilleux de chaque jour et que c'est quotidiennement que vous devez composer la vie, *la vôtre* !

Voici une petite histoire personnelle toute simple qui vous fera comprendre l'inutilité de replonger dans le passé. Enfant, et parce que ma mère était d'origine espagnole, mes parents m'emmenaient chaque année en vacances dans différents coins de l'Espagne. Alicante, une très belle ville paradisiaque, noyée de soleil et bercée par la Méditerranée, fut le dernier endroit de villégiature où nous nous rendîmes ensemble.

Des années plus tard, devenu adulte, j'ai voulu retourner à nouveau, un peu comme en pèlerinage, sur ces lieux qui avaient laissé en moi une telle empreinte alors que j'évoluais sous l'aile protectrice parentale. Quelle ne fut pas ma déception, après avoir traversé l'océan et parcouru tant de kilomètres ! J'ai eu du mal à reconnaître les lieux, l'immeuble où nous avions loué un appartement, les rues même avaient changé après tant de temps. Moi qui pensais retrouver le passé tel que je l'avais connu, j'avais oublié que je ne pouvais le revoir avec les yeux de mes seize ans, avec les mêmes battements de cœur. Ce fut une très grande déception qui m'a fait comprendre qu'il est impossible d'être et d'avoir été. Le passé n'appartient qu'à lui-même, la gestion du présent et du futur seulement est en notre pouvoir.

Même si certaines personnes ont la conviction que les grandes lignes de la vie sont déjà écrites pour chacun de nous, elles n'en sont pas moins convaincues que nous sommes maîtres de ce que nous ferons aujourd'hui et demain. Ce que nous voyons, ce que nous pensons, *ce que nous sommes* à un moment précis de notre existence, ne dépend et ne concerne que l'instant de sa durée. Il est inutile de remuer des souvenirs, qui nous appartiennent certes, qu'ils aient été merveilleux ou décevants, car ils n'ont été et n'ont existé que dans un espace-temps défini qui leur est propre.

En conséquence, il est vivement recommandé de faire le ménage avec le passé, en évitant d'accumuler des souvenirs qui encombrent notre esprit lorsque nous y pensons, nous empêchant du coup de voir les moments présents et les projets futurs.

Dans le fond, la vie est beaucoup plus simple que nous l'imaginons. Nous la compliquons à souhait, en nous rattachant à des souvenirs inutiles qui ne font plus partie que de notre histoire. En essayant non seulement de comparer, mais aussi de vouloir répéter ce que nous vivons au moment présent ces moments qui appartiennent au passé, nous ne pouvons obtenir les mêmes images, puisque le papier carbone de la destinée n'existe pas! En supposant que cela soit réalisable, cela nous mènerait à quoi, et où? Comme la vie est faite pour évoluer, il faut éviter de vouloir revivre sans cesse les mêmes scènes, même si celles-ci furent merveilleuses. Nous devons accepter de vivre de nouvelles scènes qui, à leur tour, deviendront peut-être des scènes merveilleuses du passé.

Ne vous fermez pas à l'évolution sous prétexte que vous ne pourrez jamais revivre rien d'aussi beau ni d'aussi bien que ce qui fait maintenant partie de votre passé. Que diable! Regardez devant vous et non derrière, c'est devant que se passent les choses...

Chaque jour peut devenir pour vous une raison de lâcher prise, une occasion de ne voir que le côté positif des choses et de laisser tomber toutes les circonstances, tous les motifs, toutes les causes qui sont responsables de vos maux. Tout est malléable; tout peut se transformer, se métamorphoser. Un ami, qui est un symbole de réussite, me disait toujours: *tout est négociable* – la mort est probablement la seule chose avec laquelle il soit impossible de négocier.

Ne donnez donc pas l'impression de porter tout le poids du monde sur vos épaules; supprimez ce qui engorge la libre circulation de vos pensées positives, ce qui encombre votre quotidien, votre esprit, votre environnement. Rien n'est coulé dans le béton.

Débarrassez-vous de tous ces parasites qui obstruent vos énergies positives et les empêchent de circuler dans votre organisme, au plus profond de votre être. Lâcher prise, c'est comme entretenir l'amour et l'amitié pour regagner votre liberté d'être, par rapport à vous et par rapport aux autres. Vous délivrer de tout ce qui vous retient prisonnier, vous interdit d'avancer, c'est lâcher prise tout simplement!

Lâcher prise, c'est en outre supprimer les barrières de préjugés, abattre les obstacles mis sur notre route par les expériences passées, les mauvais souvenirs, l'éducation, les principes rigides, le sens du devoir ; c'est choisir de ne plus tenir compte de la mauvaise réputation faite au plaisir – et, surtout, à ceux qui en ont! – et choisir plutôt d'avoir un maximum de plaisir dans l'accomplissement des tâches quotidiennes.

Lâcher prise, c'est choisir d'avoir le *devoir* et le *droit* de penser grand!

AIDE-MÉMOIRE

- Faites-vous une image claire et nette de ce que vous souhaitez.

- Vivez intensément, dans votre esprit et dans votre cœur, la situation que vous souhaitez voir se produire.

- Vivez aujourd'hui, car aujourd'hui vous bâtissez demain ; le passé n'appartient qu'à lui-même.

- Gardez à l'esprit que si vous voulez agir sur le passé, vous devez agir aujourd'hui, car aujourd'hui sera le passé de demain.

- Dites-vous que « tout est négociable » dans la vie.

- Simplement, apprenez à lâcher prise devant ce que vous ne pouvez contrôler.

CHAPITRE 5

QUI ÊTES-VOUS VRAIMENT ?

*Vous pouvez vouloir avoir raison
ou vous pouvez vouloir atteindre des résultats.
Avoir raison est bien peu important.*

L'image de soi constitue la représentation que l'on se fait de soi-même. Mais êtes-vous vraiment conscient de la façon dont vous vous voyez, dont vous vous percevez?

Bien sûr, il y a de multiples façons de se voir, positivement ou négativement, et la vision que vous avez de vous vous appartient et nul n'a le droit, pas plus que le pouvoir de la changer – ne serait-ce que pour l'améliorer – à votre place.

Vous plaisez-vous ou non? Sans sombrer dans le narcissisme, pouvez-vous dire que votre image vous satisfait lorsque vous vous regardez dans votre miroir tous les matins? Plus encore, est-ce que vous vous aimez? Bien sûr, il y a deux façons de se voir: selon l'image extérieure et l'image intérieure. La première est plus superficielle, en ce sens que l'appréciation que vous donnez à vous-même relève strictement de l'apparence physique, de ce que les autres voient de vous. La seconde est essentiellement personnelle, et son appréciation, généralement plutôt objective, se réfère à ce que vous pensez de vous, au plus profond de vous-même. En principe, les deux devraient être en harmonie.

Cela dit, vous êtes la seule personne au monde qui soit apte à définir de quoi est faite la vision que vous avez de vous-même, quoique celle-ci soit généralement proportionnelle à l'estime que vous entretenez à votre égard. Certes, il est fort possible que vous auriez aimé avoir une autre silhouette, mais voilà, à moins d'avoir recours à la chirurgie esthétique, il n'y a pas d'autre solution que de vous accepter tel que vous êtes. Soyons clairs, votre apparence a peu à voir avec le droit de penser grand. Des gens qui n'ont pas un physique particulièrement attrayant ont très bien réussi leur vie et dans la vie – pensez seulement à Alfred Hitchcock, Aristote Onassis, Bill Gates même, dont on ne peut pas vraiment dire qu'ils aient des physiques de séducteurs! Pourtant, cela ne les a pas empêchés de connaître la renommée et, surtout, d'atteindre les buts qu'ils s'étaient fixés en pensant grand!

Non, ce qui est indispensable, voire primordial dans l'idée non seulement d'être capable, mais aussi de vous sentir en droit de penser grand, c'est d'avoir pour vous de la considération et de l'estime. C'est aussi de vous aimer vous-même et, en outre, d'être fier des valeurs profondes que vous cultivez, entretenez et véhiculez.

INTÉGRITÉ ET RESPECT

La considération de soi se forge dès notre plus tendre enfance. Elle tire d'abord son origine de l'image que nos parents, puis nos professeurs nous donnent de nous-mêmes, par l'image que nous renvoient les gens que l'on aime, avant de la compléter ou de la remodeler durant toute notre vie par nos croyances, nos expériences, nos réussites et nos échecs, les humiliations et les frustrations que nous subissons, etc. C'est de cette synthèse que résulte l'image que nous avons de nous.

Ce qui empêche véritablement les gens d'avancer et d'oser penser grand, outre la piètre estime de soi (ou l'absence de considération vis-à-vis de soi), ce sont les sentiments négatifs comme la peur et le doute.

Lorsque vous dites : « Je suis excellent » ou « Je suis capable de faire mieux », ou encore « Je sais qu'il y a une meilleure solution », l'image que vous avez de vous rend votre attitude positive et vous agissez en conséquence. En revanche, si vous vous dites : « Je n'y arriverai jamais », « C'est trop difficile », « Ce n'est pas fait pour moi », il va de soi que vous consolidez une image négative de vous, et ces pensées vous paralysent, jusqu'au point de vous empêcher d'agir d'une façon constructive.

Plus vous avez eu d'expériences positives au cours de votre vie, meilleure est l'image que vous avez de vous. Si, par surcroît, vous avez tiré parti d'une façon pragmatique des expériences qui ont été négatives, vous aurez sans aucun doute renforcé la considération et l'estime de vous. Cette image, bien entendu, sera d'autant plus positive si vous savez l'entretenir régulièrement, c'est-à-dire l'améliorer sans cesse, dans n'importe quelle situation de la vie quotidienne, que ce soit sur les plans professionnel, social, affectif ou familial.

L'idéal, bien sûr, c'est que l'image extérieure et intérieure que vous avez de vous soit en parfaite harmonie, c'est-à-dire que ce que les gens perçoivent à vous regarder vivre et évoluer corresponde à votre véritable nature. Si vous avez un doute quant à cette harmonie, faites en sorte de prendre les mesures qui s'imposent pour ne donner toujours de vous que l'image la plus représentative possible, sans faux-fuyants. Bien sûr, donner de soi l'image la plus vraie possible requiert un entretien permanent et une honnêteté sans faille parce qu'il est tellement facile – et parfois tellement tentant – de présenter de soi une image enjolivée, histoire de se gagner les faveurs d'autrui. Mais c'est une erreur. Comme le dit si bien le dicton populaire, «chassez le naturel, il revient au galop», et lorsque cela arrive, la supercherie se révèle et il s'ensuit généralement une perte de crédibilité.

Le meilleur et le plus efficace des moteurs pour améliorer son image est l'amour et le respect de soi et des autres; au contraire, la manière la plus efficace de contribuer à sa dégradation et de se condamner à une forme d'autodestruction consiste à entretenir des propos négatifs de soi, de se dénigrer constamment, de se mépriser, de se mentir et de mentir aux autres – soyez d'ailleurs toujours sur vos gardes, car il est très facile de semer le doute dans votre esprit en ne le nourrissant que de critiques négatives. Quand vous agissez ainsi, le subconscient prend vos autocritiques négatives pour autant de vérités à respecter, et parce qu'il obéit à vos ordres, il peut vous faire croire, et aux autres, n'importe quoi!

Ne perdez pas de vue que le subconscient agit et réagit selon les commandes que vous lui donnez; il n'a pas la capacité de créer lui-même sa base de données. Voilà pourquoi il est essentiel, quand vous avez des buts et des objectifs de vie grands et importants, de leur accoler une imagerie puissante afin de détruire toutes les anciennes pensées négatives.

Si vous avez une très forte image positive de vous, quelle que soit la critique, même négative, l'estime que vous avez envers vous – la plus importante de toutes – restera intacte.

NE CRAIGNEZ PAS L'INTROSPECTION

On arrive à développer une bonne et forte image de soi-même en étant conscient de sa propre identité et en acceptant sans prétention de prendre conscience de sa propre valeur, de ses défauts et de ses qualités.

Pour y arriver, il faut se livrer épisodiquement à l'introspection, laquelle est, selon *Le Petit Robert*, « l'observation d'une conscience individuelle par elle-même ». On s'y adonne donc pour analyser ses états d'âme et ses sentiments, pour disséquer, en quelque sorte, ses comportements et ses manières d'être afin de découvrir ce qui, dans nos vieilles mémoires, nous fait réagir instinctivement de telle ou telle façon. Il faut ensuite travailler à supprimer les fausses ou les mauvaises croyances et veiller à déployer les bonnes afin de faire de soi un gagnant, quelqu'un qui n'a plus peur, à qui l'on permet occasionnellement d'être faible, mais qui, de façon générale, se conduit avec intégrité et optimisme ; quelqu'un d'authentique (l'image qu'il renvoie aux autres et celle qu'il perçoit de lui-même, de l'intérieur, ne font qu'une), quelqu'un que l'on estime.

Quand vous vous livrez à l'introspection, c'est que vous désirez faire le point sur votre personnalité et aussi établir une sorte de bilan de votre vécu. Pour être capable de mener à bien une séance d'introspection, il est essentiel d'agir avec la plus grande sincérité et, surtout, ne jamais jouer à l'autruche. Qui tromperiez-vous au bout du compte ? Il faut donc accepter de voir ses défauts et ses faiblesses, puis agir de façon à combler ces lacunes et les transformer pour en faire des points forts. Pour arriver à être fier de soi et se permettre de penser grand, il faut d'abord réussir à chasser ces intrus qui sont autant de démons : le doute, la peur, la jalousie, la rancune, la haine, l'autoapitoiement, etc.

Une bonne connaissance de soi permet en outre une véritable évolution de l'âme et mène indubitablement à un mieux-être. Cette connaissance vous permet de vous aimer davantage, d'être le maître-paysagiste de votre subconscient et d'avoir – enfin ! – confiance en vous. Cela peut sembler étrange à dire, mais si vous n'avez pas confiance en vous, c'est sans doute que vous ne vous connaissez pas vraiment, intimement. Vous agissez envers vous, de l'extérieur vers l'intérieur, comme vous agiriez vis-à-vis d'un étranger. En d'autres mots, vous vous méfiez de vous, de vos actions / réactions. Il est impérieux, si vous caressez de grands buts avec l'intention réelle de les atteindre, de renouer avec vous, avec ce que vous êtes, de fondre vos deux images, intérieure et extérieure, en une seule pour devenir un être entier, authentique et intègre.

L'estime de soi et la confiance en soi ne peuvent s'acquérir que par une parfaite connaissance de soi, et la connaissance de soi ne peut s'acquérir, à son tour, que par de ponctuelles et honnêtes sessions d'introspection. Et, de grâce, cessez de vous obstiner à accorder toujours aux autres une plus grande estime que celle que vous vous accordez à vous-même !

Canalisez vos énergies à vous connaître, à vous aimer, à peaufiner votre personnalité et à apprécier vos efforts. L'image terne que vous cultivez de vous-même vous abaisse davantage par rapport aux autres. C'est un cercle vicieux dont vous devez obligatoirement vous sortir pour changer votre attitude et vous accepter – et, surtout, accepter que vous pensiez grand.

QUI SE RESSEMBLE...

« Qui se ressemble s'assemble » ou « Dis-moi qui tu fréquentes, je te dirai qui tu es » sont des dictons qui ne vous sont sûrement pas étrangers et qui recèlent une bonne part de vérité. De fait, les membres de votre entourage exercent une influence sur votre image et l'estime que vous vous portez. Pour cette raison, il est très important de savoir à qui vous avez à faire, qui vous côtoyez et qui vous côtoie. N'admettez pas dans votre entourage des gens qui, par méchanceté gratuite, jalousie ou ignorance, vont vous critiquer ou vous dénigrer pour ternir votre estime de vous afin de rehausser la leur.

L'influence des autres peut être soit favorable, soit défavorable, selon les gens que vous fréquentez ou avec lesquels vous travaillez ou cohabitez. Vous devez être suffisamment clairvoyant pour vous rendre compte si vous vivez dans un climat de confiance ou non – laissez parler votre intuition. Elle ne sera sans aucun doute pas longue à se mettre en action pour vous avertir des dangers latents. Vous sentirez bien en présence des autres (et si vous êtes à l'écoute de votre instinct) s'ils dégagent de bonnes ou de mauvaises vibrations. Plus vous côtoierez de gens positifs, plus vous serez positif vous-même. Les personnes qui ont déjà une excellente image d'elles-mêmes renforcent positivement la vôtre, et ce, sans que vous vous en rendiez compte. Il va de soi que vous agissez de la même façon sur les autres.

Commencez aussi par considérer les membres de votre entourage comme vous voudriez qu'ils vous considèrent. Reconnaissez ce qu'il y a de bon en eux, de vrai, de noble et faites-leur-en tout simplement l'éloge. Cela renforcera l'image qu'ils ont d'eux-mêmes, tout en augmentant la vôtre. En revanche, acceptez aussi les éloges que l'on vous fait, surtout si vous en percevez l'authenticité. Il est indéniable que votre estime de vous n'est pas très forte si, devant un compliment, vous réagissez en disant « Je ne suis pas si bon que ça », « Je ne sais pas si je le mérite », « Bof ! n'importe qui aurait pu le faire », etc. En minimisant et en sous-estimant votre valeur, vous contribuez à nourrir l'image subconsciente négative que vous avez de vous.

Il faut entretenir une juste image de soi et savoir accepter les compliments et les éloges quand vous sentez qu'ils sont mérités. Cela dit, bien qu'il faille à tout prix que vous deveniez conscient de votre valeur, vous devez éviter de verser dans l'excès contraire et vous surestimer à tout propos. La surestimation de soi n'est pas une bonne attitude, en ce sens que si vous vous prenez pour un autre, ce n'est plus de l'estime de soi mais de la suffisance. Une personne qui ramène tout à elle, qui a tendance à vouloir écraser tout un chacun, est loin d'avoir la formule et l'attitude qui lui permettront d'être appréciée et considérée par son entourage. Malheureusement, les gens qui souffrent de fatuité ne s'en rendent pas compte et ne s'expliquent pas pourquoi ils sont plus souvent qu'autrement rejetés par ceux qui les entourent.

Retenez bien que votre image est la base sur laquelle tout repose ; son authenticité et sa justesse sont d'autant plus importantes que ce sont elles qui vous donnent la confiance et la liberté d'être. En outre, les vibrations que vous dégagerez, dès que vous vous serez réconcilié avec vous-même, seront bénéfiques pour tous ceux et celles qui évolueront dans votre entourage. Une personne positive irradie et, nous l'avons vu précédemment, son optimisme est contagieux pour tous ceux qui veulent bien être contaminés. Les améliorations que vous apportez à votre personnalité ne vous changent pas fondamentalement, elles ne font que mettre en valeur vos points forts et vous permettent de corriger vos points faibles. Les améliorations vous permettent d'exploiter au maximum votre potentiel, vos talents, vos dons, de croire en vous et de penser grand!

Quoi que vous fassiez, dans n'importe quel secteur d'activité, vos performances seront le reflet de l'image que vous donnez de vous. Plus vous êtes conscient de la valeur de celle-ci, plus vous pouvez accomplir des exploits. Rien ne vous empêche de repousser les *limites* de votre image pour que vos projets soient de plus en plus intéressants, de plus en plus grands ; dans la même perspective, plus vos réalisations seront intéressantes et évolueront dans leur niveau de difficulté, plus l'estime que vous avez de vous s'en trouvera rehaussée.

Vous construisez votre monde à la même image que vous concevez la vôtre, avec les mêmes questions et les mêmes réponses. Vous pouvez bien sûr la modeler et la modifier comme vous l'entendez, dans la mesure où vous la remettez en question de façon positive. Nul n'est prisonnier de lui-même : il suffit de vouloir changer, de vouloir améliorer ce que vous percevez de vous pour que les changements s'effectuent – en vous et autour de vous. Tout réside dans votre ouverture et votre disposition d'esprit à vouloir acquérir de nouvelles pensées et assimiler de nouveaux concepts qui vous permettent d'élargir vos horizons et votre image.

Pour arriver à vous percevoir d'une façon plus positive, à bonifier votre image, il faut avant tout éviter les actions irréfléchies, c'est-à-dire éviter de faire des gestes uniquement dictés par l'impulsivité, que non seulement vous finissez toujours par regretter, mais qui ternissent aussi l'image que vous avez de vous-même. Évitez également de vous placer dans des situations où vous donnez l'occasion aux gens malintentionnés (conscients de l'être ou pas) de vous faire subir des humiliations, de réduire à néant vos projets, vos rêves et votre estime personnelle. Se respecter, savoir se faire respecter et respecter les autres sont des manières d'être qui font partie des grands principes de base de la vie et de la réussite.

L'attitude à avoir, par rapport aux choses négatives, c'est d'apprendre à transformer le négatif en positif. Dans le cas extrême de l'humiliation, la portée est telle sur la personne qu'une analyse poussée doit être faite pour essayer de comprendre le pourquoi de cette situation, plutôt que de simplement tout jeter au panier, duquel, un jour ou l'autre, elle resurgira avec son lot de plaies toujours à vif.

PRUDENCE AVEC LES MODÈLES !

Chaque individu est unique et, à la base, indépendant. Façonnez votre propre personnalité, sans essayer d'imiter qui que ce soit et sans vous comparer aux autres. Comment voulez-vous être véritable si vous essayez d'être quelqu'un d'autre ? Vous pouvez, bien sûr, avoir des points de référence, retenir des influences d'une autre personne, mais il est impossible d'*être* l'image de l'autre. Vous ne pouvez avoir la même façon de penser ou de vibrer, son harmonie de vie ne peut être identique à la vôtre – sans compter qu'il est épuisant, moralement et physiquement, de chercher à toujours tenir le rôle de quelqu'un que vous n'êtes pas.

Nous avons tous eu, à un moment donné de notre existence, un *modèle* qui nous a influencés, qui nous a aidés à forger notre propre personnalité. C'est encore plus vrai dans certains domaines, tels les arts et les sports, mais ce l'est aussi dans les affaires. Qui peut affirmer ne s'être pas inspiré d'une telle personne pour forger (tout au moins en partie) son style ou son image ? Cela est très normal, mais ce ne l'est plus lorsque l'on agit jusqu'à se prendre pour le personnage lui-même. Aussi, faites attention à ne pas tomber dans ce piège ; servez-vous-en tout au plus pour avoir des points de repère. Pour penser grand, il ne vous suffit que de sacrifier votre image de perdant pour celle d'un gagnant – pas pour celle d'un autre, soit-il lui-même un gagnant !

Alors, l'hésitation n'est plus permise.

Votre évolution dans ce processus se fera au rythme des énergies que vous investirez, mais elle dépendra aussi de la détermination et de la persévérance dont vous ferez preuve. Dites-vous bien, dès maintenant, qu'il n'y a pas de limite à ce que vous pouvez atteindre, car s'il devait y avoir des limites, elles ne sauraient venir que de vous.

Comme vous pouvez le constater, pour arriver à penser grand, il faut entamer tout un processus sur le plan mental. D'abord, la constance de la pensée positive, l'augmentation graduelle de la considération, de l'estime et de l'amour de soi. Puis, il faut croire mordicus que tout cela est réalisable. Le pouvoir de l'imagination permet de faire toutes les transformations que nous désirons pour recréer non seulement l'image que nous voulons nous donner, mais aussi ce que nous sommes.

AIDE-MÉMOIRE

- Retenez que vous êtes la seule personne au monde à pouvoir dire qui vous êtes.

- Gardez à l'esprit que nul n'a le droit ni le pouvoir de vous changer.

- Affichez toujours l'image de vous qui est la plus vraie – n'oubliez pas, le naturel revient toujours au galop!

- Alimentez l'estime que vous vous portez, elle restera intacte quelles que soient les situations.

- Agissez vis-à-vis des autres comme vous voudriez que les autres agissent envers vous.

- Choisissez vos fréquentations et n'entretenez que celles qui correspondent à ce que vous voulez.

- Félicitez les autres lorsqu'ils le méritent, mais acceptez aussi les compliments lorsqu'ils vous sont adressés.

- Agissez, et agissez encore; plus vos réalisations seront intéressantes, plus l'estime que vous avez de vous s'en trouvera rehaussée.

- L'action, oui, mais l'action sous la seule impulsivité, non.

- Évitez de vous placer dans des situations où vous donnez l'occasion aux gens malintentionnés de vous faire subir des humiliations.

- Se respecter, savoir se faire respecter et respecter les autres sont des manières d'être qui font partie des grands principes de base de la vie et de la réussite.

- Inspirez-vous de l'exemple des autres, mais n'essayez pas d'être eux : restez vous-même.
- Rappelez-vous toujours que c'est vous qui fixez vos limites, sinon il n'y en a aucune.

CHAPITRE 6

TRANSFORMEZ VOTRE IMAGE

Votre capacité à vous détendre est proportionnelle
à la confiance que vous avez en la vie.

F aites l'analyse de l'image que vous reflétez actuellement; regardez ce qui vous plaît, ce qui ne vous plaît pas. Remontez aussi loin que vous le pouvez dans le temps en vous arrêtant sur ce qui vous a le plus marqué négativement, de façon à visualiser et à changer dès aujourd'hui les comportements stériles et improductifs que ces événements ont entraînés en vous. Tentez de faire votre introspection en retournant jusqu'à l'enfance si vous l'estimez nécessaire. Vous devez être maintenant en mesure de pouvoir analyser, avec objectivité, ces situations d'autrefois. Prenez conscience de ce qu'il vous faut modifier.

Puis, faites de même pour tous les aspects de votre personnalité qui vous déplaisent ou vous contrarient. Cherchez d'où viennent ces réflexes spontanés empreints de négativité et faites en sorte de reprogrammer votre subconscient pour qu'il n'obéisse plus à ces mécanismes impulsifs en les remplaçant par de nouveaux, teintés cette fois de positivisme et d'optimisme. C'est de cette façon seulement que vous serez prêt à passer à l'action dans la poursuite et l'atteinte d'objectifs importants, à la mesure de vos ambitions. Concentrez vos énergies de persuasion sur les changements à opérer et faites-le jusqu'à ce que votre subconscient les ait enregistrés.

Il n'y a pas que les comportements négatifs qu'il faut changer; il y a aussi, plus simplement, ces défauts *ordinaires*, ces petits traits de caractère qui sont plus ou moins irritants pour les autres, comme l'entêtement, la mauvaise foi, l'orgueil démesuré, la propension à embellir les choses ou à les exagérer, etc. Une fois cela fait, définissez le plus nettement possible la nouvelle image que vous désirez peindre de vous. Référez-vous, s'il y a lieu, aux gens qui méritent votre admiration et, sans les imiter, servez-vous d'eux comme modèles.

N'hésitez pas à reconnaître vos défauts, les grands comme les petits, en commençant par les seconds, histoire de vous faciliter la tâche et de vous encourager. Notez-les sur une feuille de papier et concentrez-vous sur la manière dont vous pourriez les transformer en aspects positifs. Voici un exemple : vous êtes dépourvu de ponctualité, et les gens se plaignent de vos éternels retards. Prenez conscience que cet aspect de vous est irritant et ne vous aide aucunement à gagner la confiance des autres ni à accroître votre crédibilité. Décidez de n'être plus en retard à vos rendez-vous, en vous disciplinant et en vous obligeant à être toujours à l'heure et prévoyez toujours qu'en cours de route, il peut vous arriver un impondérable – rencontrer quelqu'un qui vous retienne, être forcé de venir en aide à un passant, être prisonnier d'un bouchon de circulation, etc. Calculez vos déplacements plus largement ; au besoin, partez plus tôt. Dites-vous qu'il vaut toujours mieux arriver en avance qu'en retard. Ce n'est qu'un exemple, et vous devez faire de même pour tout ce qui vous agace, vous et les autres.

Ces actions que vous déciderez d'entreprendre doivent être visualisées ou verbalisées – il n'y a pas de honte à s'exprimer de cette manière, puisqu'il s'agit d'une excellente formule pour vaincre sa timidité et pour consolider son affirmation de soi.

Avancez étape par étape, une image à la fois, jusqu'à ce qu'elle soit parfaitement assimilée – ne tentez pas de visualiser tout en même temps. Respectez votre rythme, et vous résoudrez ainsi vos problèmes et guérirez vos maux.

Vous verrez se transformer votre image de façon extrêmement positive et les gens de votre entourage, immédiat ou plus lointain, ne manqueront pas de le remarquer.

INTELLIGENT OU... CONFIANT ?

Il n'est pas nécessaire d'être très intelligent pour réussir, l'essentiel étant de développer et de cultiver la confiance en soi. À cet égard, les gens qui ont réussi ont appris très rapidement que celui qui veut réussir ne doit jamais se dévaloriser ni se dénigrer. Devant un but quelconque, les gens qui ont pensé grand – et qui ont réussi – ont nourri la ferme conviction que leur action ne pouvait que les conduire à la réussite.

Bien sûr, la réaction la plus commune des gens, lorsque vous leur faites part de votre réussite dans un projet quelconque, est « Wow ! Tu es chanceux ! ». Pourtant, il ne s'agit pas là de chance, mais simplement le résultat d'une concentration positive et d'une grande détermination par rapport à des actions, positives il va de soi.

Certes, il peut être difficile de se *vendre* soi-même ; il faut alors se servir du résultat escompté comme moteur d'action. Visualisez-vous tel que vous voudriez vivre la situation, et essayez de le faire avec le plus de précision possible, de façon à imaginer, dans votre esprit, ces scénarios qui vous conduiront à la réalisation de vos projets. Revoyez souvent ces images dans votre tête – n'oubliez jamais que plus votre demande est précise, plus vous avez de chance de réaliser ce que vous pensez.

LA LOI DU RETOUR

Apprenez à revaloriser les autres en leur prêtant une attention particulière et personnelle. N'ayez pas peur de complimenter quelqu'un qui, à votre avis, le mérite. Si vous travaillez dans le public, veillez à vous rappeler le nom de vos clients, essayez d'établir une complicité entre eux en vous souvenant d'anecdotes qu'ils vous ont racontées ou de problèmes dont ils vous ont fait part. Rendez les autres importants à leurs propres yeux et aux vôtres, et cela vous reviendra au centuple. N'ayez pas peur de dire, sans flagornerie et quand cela est sincère : « Vous êtes quelqu'un que j'apprécie et que j'estime. » Ce genre de phrase permet généralement aux autres d'avoir confiance en vous.

Bien sûr, il y a certaines personnes qui, dès la première rencontre, vous marquent davantage que d'autres : silhouette, attitude, personnalité, regard, voix, et quoi encore ! Puisqu'une personnalité insipide n'attire pas le regard et ne suscite pas l'intérêt, faites en sorte d'attirer l'attention sur vous de façon naturelle ; ne jouez pas à « m'as-tu-vu » – la discrétion a toujours été une attitude plus efficace que l'exhibition. L'habillement discret, distingué, même original, passera toujours bien, tandis que l'excentricité risque de jeter le discrédit sur celui qui s'en sert, tout en risquant de le faire passer pour un farfelu indigne de confiance. De grâce, évitez d'être trop familier en présence de personnes que vous ne connaissez pas (ou peu), car celles-ci vous jugeront impertinent, ce qui ne saurait être de nature à vous faire marquer des points.

LA MÉMOIRE : UN OUTIL INDISPENSABLE

La mémoire est une banque de données dans laquelle vous pouvez puiser à tout moment pour y chercher ce dont vous avez besoin. Si, dans une situation désagréable, vous introduisez dans votre cerveau une liste de données négatives (plutôt que de les transformer sur-le-champ en données positives), infailliblement, les données seront enregistrées telles quelles, avec les émotions qui leur sont reliées, et les réactions vous seront retransmises intégralement – sans variante – chaque fois que se reproduira une situation similaire. Il va de soi que tout cela n'est pas fait pour vous rendre optimiste et positif dans vos pensées et vos actions ! Il convient donc de désactiver toutes ces informations négatives de façon à perdre toutes les données et à recommencer à zéro – à formater de nouveau le disque dur de vos réactions, quoi !

Il est impératif de le faire parce que lorsque vous perdez confiance en vous, vous altérez aussi votre propre estime de vous-même et vous avez dès lors tendance à vous replier sur vous même. Bien sûr, d'une certaine façon, cela vous rassure et vous sécurise temporairement, mais sans véritablement apporter une solution efficace et définitive à vos problèmes présents.

De là l'importance de n'engranger que des pensées positives dans votre banque-mémoire, que ce soit par rapport à vos buts quotidiens ou vis-à-vis de ce que vous avez projeté à long terme. Bien sûr, il est évident que vous devez affronter occasionnellement des problèmes ou des situations désagréables. Mais ceux-ci ne doivent pas entraver votre bon fonctionnement.

Ainsi, chaque soir, faites un bilan journalier de ce que vous avez fait, en notant, dans un cahier, tout ce qui a pu gruger votre énergie, miner votre moral. Prenez le temps de faire cette rétrospective. Puis, tentez de trouver des solutions positives à vos problèmes. Évitez les phrases négatives telles que «Ça ne peut pas marcher», « C'est ridicule » ou « Je ne suis pas à la hauteur », car vous nourrissez votre mémoire de données négatives – vous cultivez l'inquiétude et l'angoisse, et vous vous déstabilisez.

Ensuite, dans le même cahier, faites la rétrospective quotidienne des bonnes choses qui vous sont arrivées. Soulignez leur côté positif et notez grâce à quoi ou à qui elles ont pu se produire. N'ayez pas peur de prendre la vedette, c'est votre cahier, c'est votre vie, c'est votre image. En prenant conscience de ce qu'il y a de meilleur en vous, vous vous rendrez compte de ce que vous devez changer ou améliorer.

Une fois la journée terminée – *toutes les journées* –, couchez-vous seulement sur des pensées positives et en pensant aux actes que vous pourrez accomplir le lendemain.

AIDE-MÉMOIRE

- Ayez davantage confiance en vous-même et acceptez-vous tel que vous êtes, en prenant conscience de ce qui doit être changé, corrigé, amélioré.
- Éliminez de votre vie toute forme de peur.
- N'hésitez pas à vous complimenter quand l'occasion se présente, sans oublier de pardonner vos échecs et vos erreurs.
- Améliorez vos attitudes et aspirez toujours à l'excellence.
- Réalisez votre unicité et croyez fermement au succès.
- Engagez-vous à fond dans tout ce que vous faites; vous ne devez rien construire à moitié.
- Dressez la liste de vos qualités et celle de vos réussites, et faites en sorte que les autres s'aiment et s'apprécient entre eux.

CHAPITRE 7

AYEZ CONFIANCE – EN VOUS D'ABORD !

*Les excuses et les prétextes sont le reflet
de votre manque de confiance en votre pouvoir intérieur.*

C'est clair : on ne peut pas avoir confiance en soi à 100 % en toutes circonstances et vis-à-vis de tout le monde. Vous pouvez avoir confiance en vous dans certains domaines et en manquer dans d'autres, ce qui est tout à fait normal.

Nous avons tous connu des gens hors du commun, qui étaient capables de diriger une entreprise de plusieurs centaines d'employés, de gérer d'importants budgets, d'accepter d'innombrables responsabilités, de parler en public, et pourtant manquer d'assurance et de confiance pour des choses aussi simples que dire « Je t'aime » à leur conjoint, prendre leurs parents dans leurs bras ou… être mal à l'aise dans le noir.

Bien sûr, avoir peur est déjà un indice de manque de confiance en soi. Cependant, on ne sait pas toujours très bien comment analyser cette peur et connaître son origine. Ce que l'on sait, en revanche, c'est que l'on se sent inquiet par rapport à une situation quelconque, et que cette insécurité est plus ou moins tolérable selon le cas. Cela dit, la peur est non seulement naturelle, mais elle est aussi et avant tout la crainte de l'inconnu. Les peuplades primitives, par exemple, avaient peur des éléments naturels – la pluie, le tonnerre, les éclairs – et, parce qu'elles ne savaient pas comment expliquer ces phénomènes, elles en faisaient des dieux. Ce n'est pas une légende lorsque l'on dit que les Gaulois avaient une peur bleue que *le ciel leur tombe sur la tête*. Parce qu'ils ne comprenaient pas les phénomènes naturels, ils ne pouvaient que réagir par la crainte et le respect de ce qui semblait plus fort qu'eux.

Aujourd'hui, l'idée de peur s'est transformée. Les anciennes peurs ont en quelque sorte cédé le pas aux peurs propres à nos sociétés contemporaines, au nombre desquelles figure la peur de l'échec – reconnaissons-le : nous avons tous peur de l'échec, peur d'être critiqué, jugé ou rejeté. La raison en est d'ailleurs simple : quand se produit la critique ou le rejet, on a subitement l'impression de basculer dans le vide, de n'être plus rien.

UNE QUESTION DE DISCIPLINE

Pour régler ce problème, il faut tout d'abord mettre en confiance le subconscient, de façon que celui-ci soit convaincu de la confiance que vous avez en vous – comprenez que tout doit venir de l'intérieur, du plus profond de vous, de la façon la plus intègre possible.

À partir du moment où l'on a confiance en soi, la puissance du vouloir n'a plus de frontières psychiques ou physiques. D'ailleurs, lorsqu'il est question de sa survie, l'être humain est capable de faire des gestes héroïques.

Prenez dès maintenant conscience qu'il n'y a aucune limite à ce que vous pouvez rêver ; imaginez la même confiance en vous pour réaliser vos projets, pour atteindre vos objectifs. Plus vous vous rendrez compte de cette force intérieure qui vous habite, plus vous stabiliserez votre confiance en vous et en vos capacités. Ne commencez pas votre apprentissage par des objectifs trop grands ou dans lesquels vous ne croyez qu'à moitié, commencez plutôt par des choses simples que vous n'aurez pas de difficulté à obtenir ou à réaliser.

Par exemple, visualisez la façon dont vous aimeriez voir se dérouler votre journée. Pensez-y le soir en vous couchant, le matin en vous levant, puis au volant de votre voiture en vous rendant à votre travail.

Pratiquez la discipline. Imposez-vous quotidiennement certaines tâches que vous n'aimez pas nécessairement accomplir : appels téléphoniques contraignants, discussions avec votre conjoint avec qui vous vous êtes disputé, tenue de livres, budget, etc. Changez vos habitudes de laisser-aller et donnez-vous l'occasion d'être quelqu'un de plus organisé, de plus discipliné.

Commencez par les choses les plus simples, mais faites-le tous les jours, et, petit à petit, agissez de la même manière avec des choses plus difficiles. Surtout, ne vous inventez pas de raisons pour ne pas faire les gestes prévus. Ne trouvez pas de prétextes, souvent fallacieux, pour ne pas agir. Souvenez-vous que les délais accroissent la crainte alors que l'action l'élimine.

Aussi minimes que soient les actes à accomplir, agissez, faites des gestes. L'action est le remède à vos peurs ; elle les guérit.

L'ENCOURAGEMENT

Votre partenaire constitue un autre élément important de la confiance et il a une influence déterminante. Si cette personne que vous aimez et avec laquelle vous partagez votre vie ne croit pas fermement en vous et hésite parfois à vous soutenir, du moins moralement, dans la réalisation de vos projets les plus chers, il vous faudra alors :

1. consolider encore plus votre confiance en vous pour arriver à passer outre cet effet négatif ;
2. l'inciter à développer elle-même sa confiance ;
3. vous résoudre à mettre fin à cette relation qui ne vous permet plus d'évoluer.

Si vous êtes sans attache amoureuse, il ne faudra compter que sur vous-même, à moins, bien sûr, que vous n'ayez des parents ou des amis qui pourraient vous soutenir.

Pour éviter de dépendre (ou d'attendre) de l'aide des autres, renforcez encore plus votre force mentale quant à votre propre valeur. Faites une introspection et, par l'autosuggestion, persuadez-vous que ne compter que sur soi est la solution idéale pour ne pas être déçu. Encouragez-vous en fouillant dans votre passé quelles sont les plus belles réussites que vous avez réalisées, quels sont les défis que vous avez relevés. Mais attention : ne le faites que dans un but positif.

Ce renforcement de la confiance en soi, dans n'importe quel domaine, n'en reste pas moins très difficile à gérer. Toutefois, chaque fois que vous obtenez un succès, aussi anodin soit-il, vous renforcez ce sentiment de confiance de façon généralement proportionnelle au niveau du succès que vous avez atteint. De plus, l'émotion qui y est rattachée est également proportionnelle au niveau de la réussite à laquelle vous avez accédé. Imaginez ce que cela peut représenter pour quelque chose de grandiose que, pour l'instant encore, vous ne croyez pas pouvoir réaliser.

Lorsque vous subissez un échec, votre conscient se pose automatiquement les questions : « Pourquoi est-ce que je n'ai pas réussi ? Quel est l'élément de mon action qui a fait que j'ai échoué ? » Le raisonnement est tout aussi intéressant et important à faire lorsqu'il s'agit d'une réussite, puisque si, après analyse, vous avez trouvé quel était l'élément clé qui a mené à la réussite, il vous sera alors d'une aide importante pour vous permettre d'obtenir d'autres victoires – et, qui sait, résoudre le mystère de certains échecs. Vous n'aurez qu'à emmagasiner ces données dans une case de votre mémoire et vous en resservir au besoin.

Toutefois, si vous subissez un échec, nous vous proposons ici une méthode très simple de relaxation, qui devrait vous permettre de l'analyser à tête reposée et avec objectivité.

Asseyez-vous en tailleur et respirez profondément jusqu'à ce que vous soyez totalement décontracté. Puis, par ordre chronologique, écrivez, sur une feuille de papier, vos objectifs tels que vous les aviez planifiés au départ. Placez cette feuille devant vous comme si c'était un texte de méditation. Concentrez-vous pour repérer les facteurs qui ont contribué à l'échec d'une partie de votre plan. S'agit-il d'un problème lié au contexte de la société actuelle ? Qu'est-ce que vous n'avez pas prévu ou pris en considération ? Comment auriez-vous pu limiter les dégâts ? Quels moyens pouvez-vous prendre pour réparer les pots cassés ? Comment pouvez-vous transformer cet échec en une réussite ?

Dites-vous que rien n'est jamais définitivement perdu !

Modifiez aussi vos réactions émotionnelles ; dominez celles qui sont instinctives, que vous ressentez au plus profond de vous ; changez les schémas qui vous font toujours réagir négativement. Évitez les sentiments d'infériorité, de frustration, de rage; cherchez à découvrir la leçon que vous pourrez retenir et qui vous servira plus tard. Évaluez votre optimisme. Vous sentez-vous bien chez vous, dans votre corps et dans votre âme? Êtes-vous en harmonie avec vous-même?

Posez-vous ensuite les questions suivantes: faut-il passer plus de temps sur les activités qui me redonnent de l'énergie? Quelle idée positive, orientée vers le futur, dois-je avoir pour me sentir bien? Les points forts et positifs de ma personnalité s'expriment-ils davantage en milieu familial, social ou professionnel?

Soyez actif en passant à l'action pour augmenter votre confiance et votre optimisme. Agissez de la même manière pour anéantir vos frustrations et tous les éléments négatifs dans vos pensées.

L'INCONTOURNABLE QUESTION D'APPARENCE

«L'habit ne fait pas le moine», dit l'adage populaire. Il n'en demeure pas moins que l'image de vous-même que vous projetez aux autres est le reflet de votre personnalité. Aussi, soignez du mieux possible votre apparence. Par exemple, la propreté à l'égard de votre corps et de votre habillement permet instantanément à ceux qui vous regardent, qui vous rencontrent, d'avoir une opinion sur vous. Soit vous donnez l'impression d'un laisser-aller – ce qui généralement évoque une personne nonchalante –, soit vous donnez l'image d'une personne qui prend soin d'elle, ce qui projette l'idée que vous êtes doté d'une certaine confiance en vous.

Sans pour autant être une carte de mode, vous pouvez vous habiller sans dépenser une fortune. L'important est que vous soyez à l'aise dans vos tenues ; essayez d'éviter les vêtements dans lesquels vous vous sentez mal à l'aise, car cela se répercuterait dans votre attitude et votre entourage s'en apercevrait tout de suite. Si vous vous sentez bien dans vos vêtements, vous aurez, même inconsciemment, davantage confiance en vous et, par la même occasion, on vous respectera davantage et votre crédibilité en sera accrue. Vous serez plus naturel !

J'ai connu, il y a quelques années, un professeur de sciences naturelles extrêmement brillant. Hormis sa spécialité, il excellait en philosophie, en médecine, en théologie, en mathématiques, en musique, en pharmacie, etc. On l'aurait dit doté d'une connaissance universelle. Et il nous faisait part de ce qu'il connaissait avec une simplicité et une humilité déconcertantes. Ses passions étaient la marche, les repas pantagruéliques et la photo. En n'importe quelle circonstance, je ne l'ai toujours vu qu'en complet et, la plupart du temps, avec un nœud papillon – il lui arrivait de prendre des photos au bord de la mer, à 35 °C à l'ombre, dans la même tenue, chaussures dans le sable, ne semblant nullement souffrir de la chaleur. Il aurait été inconcevable de le voir en tenue sportive et encore moins en maillot de bain – il m'est souvent venu à l'idée, pour plaisanter, de me demander s'il prenait son bain avec son complet.

Voilà le cas extrême de l'image que peut donner un individu sur son apparence. Inutile de vous dire combien sa confiance en lui était à toute épreuve. Personne n'aurait pu, en aucun cas, l'influencer dans son être, dans ses convictions, actions, pensées ou opinions. J'ai rarement vu une personne aussi déterminée en tout. Le complet avec nœud papillon, c'était sa façon à lui de se présenter, de présenter son image.

Vous devez respecter l'image que les autres donnent d'eux-mêmes comme vous avez le droit d'exiger que les autres respectent l'image que vous donnez de vous-même. Cela dit, il faut savoir le faire sans exagération. Les vêtements sont comme une deuxième peau, ne l'oubliez pas. Alors, aussi bien vous vêtir pour qu'ils représentent et mettent en valeur le meilleur de vous-même !

AIDE-MÉMOIRE

- Ne craignez pas d'affronter vos peurs, vous en sortirez plus fort.

- Imposez-vous quotidiennement certaines tâches qui exigent de la discipline, même si vous ne les aimez pas nécessairement.

- L'action est le remède à vos peurs ; elle les guérit.

- Après un échec comme après une réussite, analysez les éléments et les facteurs qui y ont contribué. Tirez-en les leçons qui pourront vous profiter dans l'avenir.

- Soignez du mieux possible votre apparence ; soyez à l'aise dans les vêtements que vous portez.

- Respectez l'image que les autres vous donnent d'eux-mêmes, mais exigez que les autres respectent la vôtre – mais soyez *authentique*.

CHAPITRE 8

UNE ARME :
L'AUTOSUGGESTION

Ce que vous obtenez,
c'est ce que vous avez souhaité,
consciemment ou non.

« Tous les jours, à tous points de vue, je vais de mieux en mieux » est une phrase désormais célèbre d'Émile Coué, père de la psychanalyse, à vous souvenir et à vous répéter plusieurs fois par jour. La raison en est simple : l'autosuggestion est un processus qui permet d'entrer en contact avec son subconscient. En effet, c'est lui qui, entre autres, nous fait agir, nous fait prendre des décisions, nous permet de réaliser nos rêves et d'atteindre nos objectifs. Il est maintenant établi que la répétition constante de cette phrase célèbre exerce une action directe sur l'inconscient. Il vaut toujours mieux agir sur le subconscient que sur le conscient car ce dernier est extrêmement influençable par la pensée – les Chinois comparent d'ailleurs le conscient (et la pensée) à un singe qui n'arrête pas de bouger dans notre tête et qui déstabilise nos idées.

Analysons cette phrase de Coué, construite en trois énoncés.

« Tous les jours » : en introduisant une notion répétitive de temps, Coué situe la suggestion dans la permanence. Nous la vivons à la fois dans le présent, et dès le début de sa verbalisation, nous l'ancrons dans le futur ;

« À tous points de vue » : ce large spectre rassemble intentionnellement tous les problèmes – chacun a la possibilité d'ajouter ensuite des autosuggestions spécifiques et caractéristiques ;

« Je vais de mieux en mieux » : c'est la synthèse de l'autosuggestion avec le constat, l'affirmation et la mémorisation.

Vous devez donc visualiser votre objectif de façon à aller chercher vos sentiments et ce que vous ressentez de meilleur au plus profond de vous-même. Certes, c'est à vous de choisir l'idée, la pensée, l'image de votre objectif, en déterminant ce à quoi vous penserez aujourd'hui, demain et les autres jours. C'est à vous qu'il reviendra d'entreprendre des projets d'une façon toute naturelle. À cet égard, ne choisissez pas, comme nous l'avons déjà souligné, des objectifs trop difficiles à atteindre ou auxquels vous croyez plus ou moins : vous *devez* y croire.

Lorsque vous pensez à votre objectif, fermez les yeux et visualisez-le ! Débarrassez-vous des mots négatifs comme *difficile, impossible, je ne peux pas* et tous les autres au fur et à mesure qu'ils se présentent à votre esprit. Ces mots ne doivent désormais plus faire partie de votre vocabulaire. Par contre, écrivez dans votre esprit, à l'encre indélébile, des mots et des phrases comme « C'est facile », « Je vois les choses simplement », « Je vais y arriver rapidement, car ce qui semble difficile pour les autres est très simple pour moi », etc.

Voilà l'attitude que vous devez adopter en permanence, une attitude où le *oui* est constamment présent à votre esprit.

Cela dit, l'autosuggestion – la suggestion que l'on s'adresse à soi-même –, si elle est la plus importante et celle qui a le plus grand effet sur nous, n'est pas la seule ; il existe aussi la suggestion extérieure, celle que vous recevez des autres, de différentes façons. Il peut s'agir de personnes de votre entourage, de collègues de travail ou de membres de votre famille.

Il y a aussi la publicité. Peu importe le média, le contenu, la répétition constante des images (ou du son), cela fait qu'elle agit plus ou moins efficacement sur chacun. Plus vous voyez les publicités à la télé, dans les journaux, sur des affiches, plus vous enregistrez inconsciemment leur message et plus vous serez porté, lorsque l'occasion se produira, de choisir *ce* produit plutôt qu'un autre, dans la mesure où le message aura imprégné votre subconscient. Produits de beauté, voyages, boissons gazeuses, services en tous genres, etc., tout y passe! Il y a malheureusement peu à faire pour la contrer, sauf de prendre conscience de son influence et... d'avoir suffisamment confiance en soi pour faire des choix réfléchis. Bien sûr, il y a toujours une autre solution, vivre en ermite, mais ce n'est probablement pas ce que vous souhaitez!

N'oubliez jamais que la solution la plus efficace est de vous suggérer vous-même les choses.

Attention, si l'autosuggestion peut être efficace et bénéfique en l'utilisant à des fins positives, elle peut également être préjudiciable si vous vous en servez, même inconsciemment, de mauvaise façon.

UNE QUESTION D'ATTITUDE

Il m'arrive souvent de faire cette expérience, que vous pouvez vous-même tenter lorsque vous sortez dans la rue. Observez les passants qui déambulent autour de vous: l'attitude et le comportement qu'ils affichent ne sont que le reflet de leurs pensées intimes, de leur moi profond. Les épaules et la tête basses, la démarche nonchalante sont des signes flagrants de manque de détermination qui vous révèlent que ces personnes ont certainement des problèmes personnels, professionnels ou autres. Sans pour autant être pessimistes, elles sont contrariées par des ennuis, qui ne sont peut-être pas très importants, mais qui affectent quand même leur moral et, par extension, leur physique. Quelle que soit leur situation réelle, à simplement les regarder, on ne peut pas dire de ces personnes qu'elles pensent grand.

Poursuivons notre observation. Notre regard se pose sur un homme d'un certain âge, complet-cravate, attaché-case à la main, il avance d'un pas décidé. Il se dirige probablement à un rendez-vous, la tête haute, les épaules et le dos droits. Voilà une attitude déterminée ; un indice d'action qui ne peut que mener au succès. Que se passe-t-il dans sa tête en allant à ce rendez-vous ? Son attitude résolue chasse d'elle-même le sentiment de peur, d'appréhension. Il ne nous en faut guère plus pour nous convaincre qu'il n'a que des pensées positives en visualisant son rendez-vous. Il imagine déjà ce qu'il va dire d'une manière assurée pour convaincre ses interlocuteurs. Il leur parlera en les regardant dans le yeux, dégageant ainsi un sentiment de confiance, qui deviendra bien vite réciproque.

Prenez conscience de vos manières, de vos gestes, de votre allure générale et, si vous avez l'occasion de passer devant un miroir, observez votre image et, surtout, corrigez votre silhouette si elle ne vous paraît pas conforme à l'image que vous souhaitez donner. Donnez-vous – redonnez-vous – l'apparence d'une personne qui s'affirme. D'ailleurs, quelle que soit votre situation, dites-vous bien qu'elle n'est pas si alarmante que vous ne le croyez ; pensez à ceux qui sont dans des situations beaucoup plus graves, qui vivent des choses combien plus difficiles.

Voici quelques mots sur l'environnement. Toute notre vie, nous sommes influencés par les personnes qui nous entourent et, dans une certaine mesure, psychologiquement nourris par elles. Que vous le vouliez ou non, vous subissez l'influence des gens de votre ville, de votre village, de votre quartier. Si vous vivez dans un quartier défavorisé, là où les gens sont moroses et las de la vie, il y a de grandes chances que vous deveniez vous aussi, pour ainsi dire par osmose, morose et dépité. En revanche, si vous résidez dans un quartier favorisé, sur quelque plan que ce soit, la dynamique sera différente. Tous les gens sont sensibles, consciemment ou pas, à l'ambiance qui les entoure : aux couleurs, aux odeurs, aux bruits, aux boutiques ayant pignon sur rue, aux services offerts, etc. Par exemple, si vous habitez un quartier où les seuls commerces florissants sont les tavernes du coin, vous ne recevrez certainement pas de votre entourage les mêmes vibrations que si vous vivez dans un quartier où ce sont les cafés-concerts qui tiennent la vedette. En ce sens, les pensées entretenues par les habitants d'un même secteur sont aussi contagieuses que la varicelle.

Décidez dès aujourd'hui que vous avez le droit, vous aussi, de vivre dans une maison ou un appartement où l'atmosphère est positive et stimulante. Une ville ou un quartier où les gens que vous fréquenterez auront une vision de la vie et des choses qui vous poussera à voir et à penser plus grand ; où les gens ne vous diront pas constamment des phrases telles que « Tu n'y arriveras pas », « Tu es trop ambitieux », « Non, mais... tu rêves en couleurs!». Non, choisissez un endroit sain pour vivre – et n'allez pas brandir l'excuse du loyer trop élevé: partout, à la condition de faire l'effort de chercher, on peut dénicher une *occasion*.

Mais revenons à notre propos.

On pourrait dire qu'il existe trois types de mentalités, trois catégories de gens. En premier lieu, il y a ceux qui croient que rien ne leur est possible, accessible. Comme le moindre rêve, aussi petit soit-il, leur semble toujours impossible à concrétiser, ils renoncent systématiquement à tout effort qui leur prouverait le contraire et qui, surtout, leur permettrait de sortir de leur condition de perdant.

Ceux qui font partie de la deuxième catégorie ont jadis nourri des ambitions et des projets, ils en ont même très souvent réalisé un certain nombre avec plus ou moins de succès. Mais manquant de confiance, de persévérance aussi, refusant souvent de faire les efforts supplémentaires qui leur auraient permis de se démarquer, ils se sont contentés de cette sécurité relative qu'ils ont acquise et se disent: «À quoi bon me casser la tête pour en faire plus, ce que j'ai me suffit...» Il s'agit souvent là d'une façon de se rassurer, de se dire qu'il y en a plus à l'aise que nous, mais surtout qu'il y en a beaucoup qui sont moins privilégiés que nous le sommes. Ces gens sont en quelque sorte devenus paralysés, figés dans leurs actions. Pourquoi? Simplement par peur du risque, de l'échec. Ils voient davantage les acquis qu'ils risquent de perdre que les gains qu'ils pourraient faire. Consciemment ou non, ils se sont avoués vaincus.

Le plus triste, c'est que la majorité des gens peuvent être classés dans cette catégorie, malgré leur intelligence et leurs talents. Ils capitulent et refusent d'améliorer leur avenir. « Il faut mettre un frein à l'immobilisme », disait l'ex-président français Valéry Giscard d'Estaing dans l'un de ses discours, en parlant de la société française. Mais cette phrase est encore plus juste lorsqu'on l'applique aux individus.

La troisième catégorie, et la plus intéressante, est celle des gens qui agissent et persévèrent dans leurs actions, qui « cent fois sur le métier remettent leur ouvrage », qui pensent grand et qui n'ont de cesse de réaliser ce qu'ils ont imaginé. Ce sont les moins nombreux ; ils représentent tout au plus de 5 % à 7 % de la population.

Mais qui sont-ils ? Et qu'ont-ils de si particulier ?

À vrai dire, peu de choses. Il s'agit simplement d'individus qui vivent au présent et qui travaillent en fonction de leur avenir, celui de leur famille et souvent celui de leur collectivité. Ils visent à s'imposer comme les meilleurs dans leur domaine ; ils pensent grand, visent grand et regardent leur confiance, leur détermination et leur travail sans complaisance. Comme ils ne sont satisfaits que lorsqu'ils ont atteint leur but, ils prennent les moyens nécessaires pour y arriver.

Comme vous le voyez, la recette n'est pas très compliquée, mais encore faut-il être prêt à faire les efforts que cela exige. C'est de cela que nous parlons ici : la volonté, mais aussi l'acharnement dans l'effort.

Vous aussi avez tout pour faire partie de cette catégorie de gens, vous devez simplement le vouloir.

Encouragez-vous, vous êtes sur la bonne voie ; à preuve, vous persévérez dans la lecture de ces pages. Si vous vous reconnaissez dans ce qui a été écrit, et si vous y retrouvez l'esprit que vous voulez voir vous animer, c'est un signe qui ne trompe pas : vous êtes en train de faire votre premier pas – et c'est souvent le plus difficile.

AIDE-MÉMOIRE

- Visualisez continuellement, mais faites-le d'une façon toute naturelle.

- Débarrassez-vous des mots négatifs comme *difficile, impossible, je ne peux pas*; remplacez-les par des mots et des phrases comme « C'est facile », « Je vois les choses simplement », « Je vais y arriver rapidement, car ce qui semble difficile pour les autres est très simple pour moi », etc.

- L'autosuggestion est la plus importante et celle qui a le plus grand effet sur nous, mais c'est vous qui décidez ce que vous en faites.

- Donnez-vous l'apparence d'une personne qui s'affirme.

- Vous subissez l'influence des gens de votre ville, de votre village, de votre quartier ; cherchez donc à vivre là où l'atmosphère est la plus stimulante.

- Imaginez, agissez et persévérez, vous réussirez.

CHAPITRE 9

IMAGINEZ, RÉALISEZ ET PROFITEZ

Le plus grand risque dans la vie est de ne rien faire.

« L'imagination est plus importante que la connaissance », disait Albert Einstein. Cette phrase lui va à merveille, lui qui n'était pas vu comme un élève doué à l'école et même considéré comme un cancre à de nombreux égards! Doit-on conclure que c'est grâce à son imagination qu'Einstein a trouvé la célèbre théorie sur la relativité? Sûrement. Il n'est pas le seul dans ce cas; nombreux sont les savants, les chercheurs, les inventeurs et autres créateurs qui se sont servis de leur imagination pour mener leurs recherches et parvenir à un résultat. Cela a été confirmé cent fois plutôt qu'une. Ralph Waldo Emerson a d'ailleurs lui-même écrit: « La science ne connaît pas sa dette envers l'imagination. »

Lorsque l'on parle d'imagination créatrice, la plupart des gens pensent aussitôt au milieu artistique, non sans raison puisque ce domaine exige effectivement une dose certaine d'imagination pour créer quelque chose de nouveau. Peinture, sculpture, musique, théâtre, cinéma, tous ces domaines exigent talent, persévérance, discipline et... imagination. Mais il en est aussi de même pour les disciplines sportives; les performances de haut niveau exigent de la concentration de la part de l'athlète, mais aussi de l'imagination, car celui-ci doit pouvoir visualiser l'exploit qu'il ambitionne d'accomplir. Il en va de même dans les affaires et dans tous les autres domaines.

Il est important de pratiquer un métier ou une profession que l'on aime, puisque nous consacrons rarement moins de huit heures au travail quotidiennement – et, entre nous, dites-moi comment vous voulez penser, créer, agir de façon positive si vous n'aimez pas ce que vous faites?

Malheureusement, beaucoup trop de gens ne font pas ce qu'ils aimeraient faire; ils sont souvent prisonniers d'un travail qu'ils détestent et ne le conservent que parce qu'il faut bien gagner leur vie. Mais il est possible, en dépit des charges financières à assumer, de gagner sa vie (et celle des gens dont on a la responsabilité), en faisant quelque chose que nous aimons.

Si vous acceptez quotidiennement d'accomplir contre salaire des tâches que vous exécrez, laissant vos talents innés se scléroser, c'est probablement qu'au fond de vous-même vous avez peur de faire les premiers pas qui pourraient vous conduire vers un changement: peur d'échouer, peur de perdre ce que vous avez, peur de passer pour quelqu'un d'irresponsable. Il est vrai que la plupart des gens – c'est un réflexe qu'on nous assure bien naturel – préfèrent miser sur la sécurité. Que diable! N'est-il pas possible d'assumer cette sécurité en faisant quand même ce que l'on aime? Bien sûr que ça l'est, mais il faut renouer avec l'imagination créatrice, et les actions constructives qu'elle nous suggère, tout en cherchant le mieux possible à faire abstraction de la peur de l'inconnu.

Voici une belle pensée de Goethe, que nous vous suggérons de lire et de relire, surtout si vous décidez d'exploiter votre imagination créatrice. « Tu es bien sûr de toi, profites-en sur l'heure! Ce que tu es capable de faire ou ce que tu rêves de pouvoir faire, commence-le! L'audace éveille le génie, elle est puissance, elle est magie. Ton premier pas, c'est toute l'œuvre en germe. Commence et ton projet court à son terme. »

Vouloir et être convaincu sont les deux règles de base de l'imagination créatrice que l'on ne peut transgresser. Avec cela, tout peut se réaliser.

SACHEZ VOUS IMPOSER

Il y a des gens qui sont faits pour diriger et d'autres pour exécuter, et chacun sait pertinemment s'il a ou n'a pas les aptitudes pour diriger. Imaginer, réfléchir, agir, d'abord par rapport à soi-même, puis pour être en mesure de se servir du résultat de ces cogitations pour et sur les autres sont les qualités essentielles d'un leader, et ce, dans quelque domaine que ce soit. Parfois aussi, ce qui importe vraiment, c'est d'être tout simplement autonome – ce qui exige une certaine dose de leadership. Autonomie et leadership ont d'ailleurs un point en commun : l'affirmation de soi.

L'autonomie est d'ailleurs essentielle pour quiconque veut penser grand, et agir en conséquence, parce qu'elle sous-entend que vous avez confiance en vous et que vous savez où vous vous dirigez, même si vous savez d'avance que vous vous heurterez à des embûches et à des écueils sur le chemin de la réalisation, sans que cela vous fasse renoncer à votre projet.

Quoi que vous fassiez – et même en ne faisant rien –, vous devez faire face à des difficultés ou à des problèmes ; personne n'en est à l'abri. Non seulement y êtes-vous confronté, mais vous devez aussi obligatoirement les solutionner. La façon la plus simple et la plus efficace qui soit de les résoudre consiste à isoler chaque problème qui surgit en essayant en quelque sorte de s'en détacher – comme s'il vous était extérieur. Puis, il vous faut l'analyser sous tous ses angles, en pesant le pour et le contre des différentes solutions entrevues. En tirant la ou les leçons qui s'imposent, vous y trouverez inévitablement des éléments positifs. Une fois cela terminé, rayez cet incident de votre esprit.

Faites tout cela le plus sereinement possible.

Évitez de vous avancer sur ce chemin avec de gros sabots. D'une part, trop affecté par la situation, vous ne réussiriez probablement pas à avoir le détachement nécessaire pour trouver la meilleure solution et, d'autre part, retenez que ce n'est pas en imposant des solutions ou des idées que vous vous ferez apprécier et respecter. Ne l'oubliez jamais : personne ne travaille seul, votre idée n'est pas forcément *la* seule qui soit valable. Prêter l'oreille aux autres ne vous fera perdre ni estime ni crédibilité, bien au contraire. Vous vivez en société et chaque personne en constitue un rouage essentiel : soyez donc respectueux de votre entourage.

Regardez bien autour de vous et vous constaterez sans peine que les personnes qui savent s'affirmer sont aussi celles qui savent avoir de la considération pour tout un chacun, non seulement lorsque vient le moment de solutionner des problèmes, mais aussi en tout temps. Elles savent prodiguer le conseil attendu, prêter l'oreille lorsque c'est nécessaire, prononcer le mot d'encouragement au moment où l'autre en a besoin. Ce sont ces petites choses qui les distinguent des autres.

Cet art n'est pas si difficile à pratiquer. Mais il ne faut pas oublier que pour recevoir, il faut donner et, surtout, le faire sincèrement.

Certes, les obligations que nous impose la vie en société et son rythme trépidant ne laissent plus beaucoup de temps pour la méditation, la réflexion profonde. Pourtant, quiconque espère penser grand, souhaite s'affirmer, doit régulièrement s'accorder des périodes de réflexion – quel que soit le nom qu'on puisse leur donner, méditation, recueillement, voire prière. Il s'agit là d'un incontournable.

Pour retrouver votre énergie, pour renouer avec votre puissance intérieure, mais aussi pour accroître votre force mentale, il est indispensable que vous sachiez vous retrouver seul avec vous-même. La solitude est essentielle pour que vous puissiez rassembler vos idées ou en imaginer de nouvelles, faire le bilan de vos actions, bref, faire le point. Vous devez régénérer la pensée créatrice pour la réorienter, lui donner de nouveaux repères. En faisant votre bilan, votre subconscient fera appel à votre mémoire pour faire jaillir les idées, les pistes ou les réponses aux questions qui ne manqueront pas de surgir telles que « Quelles initiatives dois-je prendre ? », « Comment puis-je être plus efficace ? »

TOUT LE MONDE A LE DROIT D'ÊTRE RICHE

L'objectif concret ? Nous permettre d'atteindre la prospérité et le bonheur.

Nul ne saurait nier qu'il est plus agréable de vivre dans l'abondance et l'opulence que dans la pauvreté et la disette. Être riche, avoir envie de devenir riche, n'est pas seulement une ambition, c'est aussi et, surtout, un droit que chaque individu peut nourrir.

Vous est-il déjà arrivé de vous poser sérieusement cette question : quelle est ma vision exacte et réelle de l'argent ? Quel rapport est-ce que j'entretiens avec et vis-à-vis de lui ? Les réponses pourraient vous surprendre, voire vous obliger à revoir certaines de vos idées.

L'éducation et le milieu dans lequel vous avez grandi et évolué sont les premiers responsables de votre attitude face à l'argent. Comment voulez-vous que l'argent soit votre allié si vous entretenez des préjugés à son égard, si vous êtes de ceux qui laissent fuser des phrases telles que « L'argent ne fait pas le bonheur », « L'argent est la base de tous les maux et de tous les vices », « L'argent est sale », etc. Oubliez tous les maux, toutes les idées préconçues qu'on accole trop souvent à l'argent paradoxalement entretenus par les personnes qui en sont démunies.

Qu'on le veuille ou non, l'argent est à la base de la société – ne dit-on pas, à juste raison d'ailleurs, que « l'argent est le nerf de la guerre » ? De fait, il participe à l'équilibre de tout individu évoluant dans notre société moderne, mais il est aussi proportionnel à nos propres exigences. En ce sens, c'est à vous, et à vous seul, de définir vos ambitions et de déterminer vos besoins, tout en gardant à l'esprit que les seules limites sont celles que vous vous imposerez vous-même.

Non, l'argent n'est pas un péché ni un vice, au contraire ! Dans la mesure où il est suffisamment abondant, il procure effectivement un équilibre psychique et physique, une certaine stabilité, une *sécurité*. Non seulement vous permet-il d'accéder à toutes sortes de produits et services, mais il est aussi à la base d'un certain équilibre relationnel avec les gens que vous fréquentez. Grâce à l'argent, l'harmonie même avec votre conjoint est plus solide, car il est un facteur d'équilibre important. En effet, lorsque l'argent manque, on voit souvent la relation de couple ébranlée, essentiellement parce que ça devient un sujet de préoccupation et que cela empêche l'épanouissement des rapports entre les conjoints.

Soyons directs : l'argent n'est pas seulement le symbole de la richesse, mais il est aussi l'élément qui vous permet d'atteindre vos objectifs – n'avez-vous jamais entendu ce dicton populaire voulant que « l'argent attire l'argent » ?

Bien sûr, il faut commencer quelque part.

L'important, c'est de garder à l'esprit que rien n'est impossible à ceux qui veulent !

AIDE-MÉMOIRE

- Mettez-vous à la place des autres pour comprendre leurs besoins et les aider à solutionner leurs problèmes.

- Soyez humain. Traitez les autres comme vous aimeriez que l'on vous traite.

- Progressez sans relâche ; évoluez dans vos idées, dans vos pensées et, surtout, dans vos actions.

- Soyez un précurseur dans tous les domaines de votre vie.

- Apprivoisez la solitude. Accordez-vous régulièrement un certain temps pour vous retrouver face à vous-même, histoire de vous permettre de voir les choses avec plus d'objectivité.

- Évitez de condamner l'argent, faites-en plutôt votre allié – changez l'idée que vous en avez si cela est nécessaire.

- Ne vous contentez pas du strict nécessaire, pensez déjà grand : visez la richesse.

- N'oubliez pas que l'argent est un symbole, qu'il est un outil permettant un mieux-être.

- Pensez positivement en vous faisant ce genre de réflexion : « L'argent est un allié, je m'en sers à bon escient et intelligemment. » Balayez les idées préconçues que vous avez pu entretenir et chassez de votre vocabulaire les phrases qui en font le responsable de tous les maux.

- Imaginez, avec le plus de précision possible, ce qu'un important montant d'argent pourrait apporter à la réalisation de certains de vos objectifs.

CHAPITRE 10

SOYEZ ENTHOUSIASTE, VOUS LE POUVEZ !

La meilleure façon de deviner votre avenir, c'est de le créer.

N ous avons beaucoup parlé de volonté, et ce, délibérément.

En effet, la volonté vous donnera la liberté de penser grand. Mais elle exige une préparation mentale, étroitement liée à l'autosuggestion. S'il faut prendre garde de toujours rester dans les limites du raisonnable, en réfléchissant objectivement à la faisabilité des projets, il faut aussi garder à l'esprit que la notion de ce qui est raisonnable ou de ce qui ne l'est pas est si subjective qu'il appartient à vous seul d'en juger. Cela dit, il faut également se rendre compte qu'il est inutile de courir des risques irréfléchis qui ne peuvent que vous mener dans des impasses. Restez donc dans vos limites, qui ne peuvent changer que dans la mesure où l'évolution s'effectue graduellement et proportionnellement aux objectifs que vous vous êtes donnés. En d'autres mots, oubliez les missions impossibles.

Tout ce que l'on fait, toute action que l'on accomplit, quelle qu'elle soit, exige de la volonté. Il nous faut commander à notre corps de se mettre en mouvement, même si cela est inconscient. On ne pense plus, par exemple, à l'action que nous faisons lorsque nous ouvrons une porte. Pourtant, le geste d'ouvrir la porte nous permet de surmonter l'obstacle qui nous empêche d'avancer. Il en est de même lorsque nous nous déplaçons ; nous visualisons le lieu où nous voulons nous rendre, mais non l'action elle-même de nous mouvoir. Il s'agit d'automatismes, d'une volonté inconsciente. En revanche, la volonté, telle que nous la concevons, n'a sa véritable signification que dans la mesure où il nous faut faire un effort pour exécuter l'action.

Prêtez une attention particulière à la volonté requise pour accomplir une chose agréable, puis pensez à la volonté requise pour venir à bout d'une tâche rebutante! Dans les deux cas, vous avez recours à la même volonté, pourtant la perception que vous retenez sera bien différente. Cela s'explique par le fait que lorsque vous êtes en présence d'actions intéressantes à exécuter, l'investissement en énergie est moins important, car il n'oblige pas à un *effort* de volonté. Au contraire, la volonté qu'il faut déployer pour accomplir un acte fastidieux nécessitera un effort et fera appel à l'auto-suggestion et à la visualisation – c'est-à-dire imaginer le résultat positif final de cette tâche – afin que vous puissiez mener à bien votre action.

LA PRISE DE DÉCISIONS

Il faut cependant se rendre compte que notre conscient cherche parfois à influencer notre décision, sans que nous le réalisions vraiment.

Voici un exemple concret.

Il fait beau, vous êtes en congé. Vous êtes confortablement installé dans votre fauteuil préféré, mais vous vous dites que vous devriez sortir prendre l'air un peu – ça vous ferait tellement de bien! Plusieurs options vous sont alors offertes: vous promener (mais pour aller où?), vous balader à bicyclette (bof!) ou en voiture (pfuitttt...), visiter telle personne (et si je la dérange?), faire du lèche-vitrine, assister à une partie de soccer, etc. Les possibilités sont nombreuses, mais tous les prétextes sont bons pour ne pas accomplir l'action. Pourquoi? La raison est simple: c'est la loi du moindre effort qui prévaut.

Pour arriver à passer outre tous ces (faux) prétextes, vous devez faire intervenir la volonté pour que votre cerveau puisse retrouver son contrôle.

C'est probablement aussi ce qu'on pourrait qualifier de bonne volonté!

En supposant, en reprenant notre exemple, que vous ayez fait le choix de faire de la bicyclette, vous allez probablement évoquer d'autres raisons pour ne pas sortir: vous devez vous mette en tenue, vérifier si les pneus sont bien gonflés et... s'il se mettait à pleuvoir? Vous pouvez ainsi trouver un nombre inépuisable de raisons pour ne rien faire. Ces tergiversations vous confinent dans une situation qui est loin d'être des plus agréables, mais que vous ne refusez pas pour autant de subir.

Si cela est vrai dans cet exemple tout simple, vous devez retenir qu'il en va de même dans toutes les situations de votre vie:

- hésitation;
- tergiversation;
- inaction.

Pour contrer cette attitude toute naturelle, vous devez donc faire une rééducation de votre volonté, en habituant d'abord votre cerveau à visualiser le plus clairement possible ce que vous voulez faire, puis prendre la décision et passer à l'action. Habituez-vous, au début, à le faire pour des choses simples, pour ensuite passer à des actes plus difficiles. Pour éviter la confusion ou la contradiction dans vos décisions, commencez par dresser une liste exhaustive, sur une feuille de papier, avant de vous établir des plans quotidiens, hebdomadaires, mensuels, voire annuels, suivant les objectifs que vous voulez atteindre.

Ne restez surtout pas plongé dans l'immobilisme sous prétexte que trop d'avenues s'offrent à vous et que vous êtes incapable d'opter pour l'une ou l'autre. Apprenez à contrôler votre cerveau, à prendre des décisions et à ordonner à votre volonté de suivre vos ordres.

La façon la plus efficace de vous servir de votre volonté est de vous servir de l'autodétermination, laquelle constitue le moteur de la concentration et de la persévérance. La persévérance vous permet de garder votre attention sur vos buts, dont vous avez trop souvent tendance à repousser les échéances. Imaginez profondément les résultats que vous voulez atteindre pour en imprégner votre subconscient avec des images précises, comme si elles faisaient déjà partie de votre vie. Le subconscient agira sur l'action avec la même précision que le cliché que vous avez fait de celle-ci.

Il n'y a pas, non plus, de volonté sans discipline.

Malheureusement, il arrive trop souvent que l'on confonde discipline et contrainte, deux choses différentes, puisque la discipline, pour qu'elle porte des fruits, doit être librement consentie. La contrainte, elle, est indépendante de notre volonté et a un caractère obligatoire.

Se discipliner, c'est se donner des règles de conduite qu'il est impératif de respecter. Il s'agit d'une loi de fonctionnement à laquelle il n'y a pas de dérogation possible sans une inévitable sanction. Se convaincre d'être capable de réaliser une action et de mettre toutes ses énergies à contribution, en s'engageant à la faire non pas à contrecœur, mais par un choix librement consenti, c'est décider de se discipliner pour parvenir à un but.

Pensez grand et disciplinez-vous pour atteindre vos objectifs. Le principe de base est toujours le même : la régularité d'action et la persévérance font la différence entre le succès et l'échec.

PARVENEZ À VOS FINS !

Il n'y a pas mille façons de parvenir à vos fins, quelles qu'elles soient. Il faut croire, croire et croire. Pousser, pousser et pousser. Vous devez donc persévérer et passer outre les nombreuses tentations d'abandonner. Personne ne réussit quoi que ce soit sans y avoir consenti temps et énergie, sans avoir douté et passé par-dessus ses doutes ; sans avoir eu peur et être passé par-dessus ses peurs. Cessez de croire que tout est facile pour les autres. Tout le monde travaille fort à sa cause, à sa passion, à son talent. Ce qui fait souvent la différence entre ceux qui pensent grand et atteignent leur but et ceux qui n'y parviennent pas, c'est souvent la motivation et la persévérance.

Les gens les plus motivés sont d'ailleurs ceux qui ont le plus de chances d'obtenir le succès – c'est presque une vérité de La Palice ! La motivation, c'est souvent, pour une bonne part, le but lui-même. Alors, pour parvenir à la victoire, assurez-vous d'abord de poursuivre le bon but, celui qui vous convient, qui vous stimule. Autrement, vous aurez toujours du mal à trouver la motivation et à arriver à destination satisfait. Mais la vie, il est vrai, ne vous offre pas toujours de faire uniquement ce qui vous plaît. Ainsi, pour toutes ces occasions où il vous faut tout de même produire ou être actif dans un contexte qui ne vous convient pas à 100 %, il faut savoir faire appel à des forces cachées en vous et que vous n'avez qu'à réveiller.

S'il y a un élément qui sait motiver, c'est bien l'enthousiasme. Aussi, si vous croyez sincèrement que vous êtes ce que vous pensez, vous conviendrez qu'il ne s'agit que de penser que vous êtes enthousiaste pour le devenir. Vous pouvez aussi vous aider de paroles encourageantes quotidiennement. Avant de vous rendre à une activité, à une réunion ou à quelque autre événement, que cette éventualité vous torture ou non, répétez-vous que vous êtes beau, que vous êtes bon, que vous êtes le meilleur, que ça ira bien, etc. Bref, pensez grand. C'est anodin, facile, mais ça fonctionne, ça vous conditionne, ça vous y prédispose.

Sachez d'autre part que ce qui freine souvent l'enthousiasme, c'est l'ignorance ou la méconnaissance de quelque chose. Ces éléments font en effet bien plus souvent naître la peur que n'importe quoi d'autre. Ainsi, il apparaît évident que plus on connaît, moins on craint et plus on est en mesure d'atteindre ses objectifs. Donnez-vous donc la chance d'apprendre, même ce qui vous rebute au départ. Devant les individus, la technique est exactement la même. Ceux avec qui vous ne semblez pas pouvoir vous entendre vous apparaissent souvent comme de véritables casse-têtes, des mystères ambulants. Prenez seulement le temps de chercher à les comprendre et vous vous surprendrez souvent à devenir enthousiaste devant leurs propos.

L'enthousiasme a une puissance motivante que vous ne pouvez négliger. Cherchez à en être habité à chaque instant de votre vie et vous découvrirez un monde plein de possibilités qui vous ravira – VOUS êtes plein de possibilités. Prouvez-le donc en vivant intensément, en faisant preuve de vitalité dans chacune de vos actions, en mettant de la vie autour de vous. On vous en sera reconnaissant et votre présence sera toujours agréable aux autres.

L'enthousiasme est encore une fois un choix de l'esprit. Choisissez de voir les événements sous un regard noir et vous passerez un mauvais quart d'heure ; choisissez, au contraire, de passer un bon moment, de trouver moyen de tirer profit de la plus désagréable situation, et vous en sortirez ravi.

L'optimisme ne se situe pas bien loin de l'enthousiasme, mais il est différent. Alors que l'enthousiasme fait surtout son apparition durant une action, l'optimisme se présente plutôt avant de faire face à une quelconque réalité. Être optimiste, c'est finalement avoir confiance en soi, en ce qui s'en vient, en l'avenir. Quand on est optimiste, on fait généralement confiance à la vie, on n'invente pas toutes sortes de scénarios dramatiques, mais on se voit plutôt arriver à nos fins, sans trop d'embûches. Être optimiste, c'est croire qu'on va y arriver. C'est une attitude essentielle à toute réussite, une attitude de vainqueur.

Avec l'optimisme comme alliée, on peut difficilement tomber dans l'apathie, se laisser tenter par l'abandon, tomber dans la dépression. Même, et peut-être surtout, en période de désarroi, l'optimiste s'en sort toujours mieux que le pessimiste. Il rebondit mieux et plus rapidement, ne perd pas son temps à s'autocritiquer et à se détruire. Sa critique est plutôt constructive et réaliste et vise à le pousser en avant. Bref, l'optimisme est vraiment une bonne carte à avoir dans sa manche.

Si vous n'avez pas naturellement en vous cette tendance positive fort motivante qu'est l'optimisme, vous pouvez, comme bien d'autres choses, la développer. Les plus mauvaises habitudes, même celles ancrées en vous depuis l'enfance, peuvent être transformées.

Convainquez-vous que vous êtes important, puisque vous l'êtes! Que ce soit pour vous-même, votre entourage, vos proches, votre employeur. Ne serait-ce qu'en votre qualité d'être humain, votre importance n'est pas négligeable. Imaginez que vous allez mourir demain et prenez conscience de tout le branle-bas de combat que cela entraînerait dans votre entourage. Votre présence sur cette terre est significative pour nombre de personnes, dont certaines qui ne sont peut-être pas encore entrées dans votre vie ou pour d'autres qui en sont sorties mais en qui vous continuez de vivre. Vous avez un rôle à jouer ici-bas. Peut-être n'en êtes-vous pas encore conscient, mais un jour ou l'autre, cela deviendra clair à votre esprit. Nul ne peut penser grand pour vous et réaliser votre mission personnelle.

Penser grand, c'est une attitude, le but d'une vie – et l'effort en vaut la peine, puisque c'est VOTRE vie.

AIDE-MÉMOIRE

- Il est impératif de rester dans vos limites, qui ne peuvent changer que dans la mesure où l'évolution s'effectue graduellement et proportionnellement aux objectifs donnés.

- Faites une rééducation de votre volonté, en habituant votre cerveau à visualiser le plus clairement possible ce que vous voulez faire, puis prenez une décision et passez à l'action.

- Rappelez-vous qu'il n'y a pas de volonté sans discipline.

- Il n'y a pas mille façons de parvenir à vos fins : il faut croire, croire et croire.

- Sachez que l'ignorance et la méconnaissance de quelque chose sont les plus grands ennemis de penser grand.

- Dites-vous que les plus mauvaises habitudes, même celles ancrées en vous depuis l'enfance, peuvent être transformées.

- Penser grand, c'est une attitude, le but d'une vie – et l'effort en vaut la peine, puisque c'est VOTRE vie.

100 CONSEILS PRATIQUES

Les gagnants n'abandonnent jamais.
Les lâcheurs ne gagnent jamais.

1. Dites toujours la vérité; non seulement elle est libératrice, mais elle vous permet aussi de conserver votre identité.

2. N'acceptez que les critiques constructives; celles qui sont négatives, qui visent à miner votre moral ou à détruire vos projets ne font que vous éloigner de vos objectifs et détruisent votre potentiel positif.

3. La joie, l'enthousiasme, le plaisir sont en vous et ce sont sur eux que se fonde la véritable valeur de cette vie que vous voulez améliorer sans cesse.

4. Aujourd'hui, percevez au fond de vous l'épanouissement de votre confiance et la fabuleuse estime que vous avez de vous.

5. Ne fuyez pas devant une blessure émotionnelle, même si elle est très douloureuse; exprimez-la, pansez-la pour qu'elle se cicatrise. Ne vous contentez pas de survivre. Vivez!

6. Dans votre cœur, dans votre âme et dans vos pensées, fixez-vous au moins un grand but; ne tolérez pas de souffrir d'un sentiment d'inutilité. Donnez-vous dès maintenant des tâches à accomplir, des ambitions à réaliser.

7. Ne retournez dans votre passé que pour y revoir ce qui a été positif. Autrement, veillez à ne plus succomber à ce type d'escapades négatives et vivez pleinement le moment présent tout en faisant des projets pour l'avenir.

8. Personne ne peut voler votre talent, vos expériences, vos compétences; reconsidérez cela

chaque jour et votre quotidien n'en sera que plus valorisant.

9. Bénissez le ciel d'avoir changé ce que vous deviez changer, car vous êtes maintenant satisfait de l'avoir fait, et vous vous sentez mieux aujourd'hui, car vous avez grandi.

10. Enrichissez vos connaissances, multipliez vos expériences, car, dans la vie, ce qui ne grandit pas stagne et meurt.

11. On n'oublie rien, mais on peut tout pardonner par rapport au passé qui s'arrête hier.

12. Votre estime personnelle grandira si vous choisissez de vous entourer de personnes positives, qui ont quelque chose à vous apprendre ou à vous apporter d'elles-mêmes, comme leur appui, leurs ondes positives, leurs encouragements. Ne vous entourez que de ces gens-là.

13. Le présent et l'avenir ne seront bénéfiques, cléments et miséricordieux pour vous que si vous avez choisi le chemin du pardon.

14. Nul n'a le droit de piétiner votre âme ; c'est un acte gratuit et malfaisant. Refusez de vous laisser faire, dites non tout simplement.

15. Si, sous prétexte de vous aider, on vous a fait de la peine, sachez pardonner, puisque l'acte de blesser était involontaire.

16. La grande majorité des gens trouvent qu'il est plus facile de donner que de recevoir. En sachant recevoir, vous rendez au centuple ce que l'on vous donne.

17. Vous n'êtes nullement responsable de la mauvaise humeur ou de la mauvaise éducation de quiconque; dégagez-vous et lâchez prise, cela ne vous concerne pas.

18. Trouvez et affrontez votre plus grande peur; elle aura déjà beaucoup moins d'emprise sur vous.

19. En disant non à ceux qui veulent altérer votre confiance en vous, vous bonifiez votre moi profond.

20. Vos valeurs spirituelles sont généralement proportionnelles à l'estime que vous avez de vous.

21. L'image que les gens ont de vous est à la hauteur de ce que vous leur suggérez. Par conséquent, il vous appartient de faire en sorte qu'elle soit belle.

22. La peur limite et restreint vos actions; libérez-vous d'elle pour atteindre vos buts.

23. Fixez-vous des buts réalistes; chassez de votre esprit ceux qui sont utopiques et irréalisables.

24. «Nous sommes ce que nous faisons, nous agissons d'après ce que nous sommes.» (Catherine E. Rollins)

25. La personnalité de chaque individu est unique; la vôtre vous est propre, alors évitez de vous comparer aux autres; vous ne pourrez jamais être les autres. Travaillez plutôt à être bien dans votre peau.

26. Continuez sans cesse à vous cultiver; la culture et la connaissance permettent de voir plus grand et de mieux comprendre les rouages de la vie.

27. Le lâcher-prise vous permet de poser un regard plus objectif sur les situations et sur les gens; en outre, il fait fuir les nuages de l'obscurantisme.

28. Évoluer, c'est aussi acquérir de nouvelles compétences, c'est se surpasser soi-même.

29. Il est indispensable de posséder la clé du coffre de la conscience afin de découvrir ce qu'il contient.

30. Se cultiver demande une discipline, et la discipline se cultive.

31. Un de vos premiers buts sera de vaincre une à une les peurs et les angoisses qui vous poursuivent parfois depuis votre tendre enfance; l'estime que vous aurez de vous n'en sera que plus grande.

32. Les compliments sont la reconnaissance de soi; acceptez-les de bon cœur quand vous sentez qu'ils sont sincères.

33. Si vous avez une image précise de la façon dont vous voulez que l'on vous perçoive, faites en sorte qu'elle soit la plus représentative de vous-même.

34. Il faut être conscient de vos réalisations positives; faites-vous plaisir et n'attendez personne pour vous récompenser.

35. Encourager les autres sert à développer la force de caractère, l'humilité et consolide la confiance en soi.

36. Veillez à changer le miroir de votre apparence; il ne doit pas refléter la même image qu'autrefois.

37. Soyez assez humble pour accepter vos échecs; cela libère vos mains pour applaudir vos succès.

38. L'accumulation de vos récompenses personnelles, quelles qu'elles soient, consolide la confiance que vous entretenez vis-à-vis de vous et multiplie vos chances de réussite.

39. Ne fuyez pas vos phobies. Réconciliez-vous avec ce qui vous fait peur en vous faisant aider, au besoin, par des professionnels ; cela vous permettra de renforcer votre caractère.

40. Les personnes qui sont arrivées à un niveau de compétence supérieur ont toujours fait preuve de discipline et d'acharnement pour parvenir à la réussite.

41. Chacun a ses limites de travail ; sachez déléguer les tâches simples et légères afin de pouvoir vous consacrer entièrement aux plus importantes.

42. Apprenez à vivre avec vous-même ; ne maudissez pas la solitude. Aimez-la plutôt et apprivoisez-la. Elle vous permettra de découvrir, au fond de vous, des trésors dont vous n'avez jamais soupçonné l'existence.

43. Ne laissez pas autrui vous ressasser votre passé ; le passé est ce qu'il est, laissez-le dormir. Il ne peut être dans le présent et n'a aucun avenir.

44. Chaque jour peut être une fête ; idéalisez votre journée même si celle-ci ne peut être parfaite (« par-fête »).

45. En précisant, sur papier, ce que vous faites et pourquoi vous le faites, vous structurez et développez concrètement et plus efficacement vos idées.

46. Le plus beau rayon de soleil est celui que vous offrez à ceux qui en ont besoin; c'est vous qui en êtes le thermostat.

47. Les dettes sont les sables mouvants de votre vie; réglez-les le plus rapidement possible afin qu'elles deviennent des plages de paix intérieure.

48. Il n'est pas nécessaire de dépenser des fortunes pour se faire plaisir, car le plaisir de dépenser ne se mesure pas nécessairement à la somme déboursée.

49. Ne vous dénigrez JAMAIS.

50. Cela demande beaucoup de temps et implique de nombreux risques que d'essayer de rester en équilibre sur un fil; il est plus simple, avec le temps, d'équilibrer ses habitudes sainement et sans risques.

51. Ceux qui se prennent trop au sérieux ne sourient jamais; mais ceux que l'on surprend à sourire n'ont jamais le cœur triste.

52. Si l'occasion vous en est donnée, prenez les conseils d'un sage; il aura probablement été mis sur votre route pour vous stimuler et pour vous pousser à la limite de vos capacités.

53. Osez faire de nouvelles expériences même si elles ont l'air futiles, car l'avenir vous en fera faire de grandes.

54. Si nul n'est irremplaçable, le travail qui vous est confié n'appartient qu'à vous. Exécutez-le du mieux que vous pouvez, car il n'y a que vous qui puissiez le faire correctement.

55. Fixez-vous des échéances pour corriger ce qui exige de l'être, tant pour les événements et les choses qui sont de nature à freiner votre évolution que pour les personnes que vous devez chasser de votre vie. C'est à ce seul prix que vous pouvez réellement avancer dans l'atteinte de vos grands objectifs.

56. Ne méprisez personne, ni en pensée ni en paroles, puisqu'un simple mot blessant peut détruire quelqu'un.

57. Vous avez des qualités et des défauts, mais essayez de tirer profit des qualités de vos défauts.

58. Il n'y a pas de surhomme ; les tâches, quand elles sont bien réparties en équipe, sont traitées plus efficacement et mieux exécutées.

59. Sortez en votre compagnie ; votre estime personnelle n'en sera qu'augmentée et vous apprécierez d'être avec votre moi.

60. Les passéistes sont bien malheureux, car le temps de voyager dans leur passé, ils ont manqué le présent.

61. Visualisez votre existence avec un œil nouveau ; il suffit souvent, tout simplement, d'en changer la couleur.

62. Pour avoir une haute estime et une bonne opinion de vous-même, faites de votre journal intime un outil de perfection.

63. Le bénévolat est une bonne chose si vous ne prenez pas en pitié les gens à qui vous consacrez du temps. Il faut plutôt le voir comme un don de soi.

64. Réglez le contentieux de votre existence; votre banquier intérieur vous fera toujours crédit.

65. On dit que la vie ne fait pas de cadeau; c'est faux! Sinon, vous ne seriez certainement pas là.

66. Il est plus hallucinant de réussir vis-à-vis de soi et des autres que de consommer des champignons hallucinogènes ou autres substances du même genre.

67. Tout être équilibré doit conserver les plateaux de la balance de sa vie sur le même plan horizontal, sans quoi il risque de tomber en se penchant.

68. Souriez! Aux malades, aux enfants, à ceux qui sont tristes, à ceux qui sont heureux, bref, dis-tribuez vos sourires à tous les membres de votre entourage. Ça ne vous coûte rien et vous leur rap-pellerez que le soleil existe.

69. La sagesse n'a pas de prix; elle est la somme de toutes les expériences et réflexions d'une vie. Recherchez-la avec des maîtres à penser; ils vous feront gagner un temps précieux.

70. Plus vous respectez votre travail, plus les autres vous respectent et vous font prendre conscience que vous vous respectez davantage.

71. Ce n'est pas en prenant tout au pied de la lettre que l'on apprend l'orthographe. Sachez relativiser.

72. Les échéances que vous vous fixez (et que vous respectez, bien sûr!) quant à votre travail ou à vos prises de décisions sont garantes de votre succès et de votre réussite.

73. Les expériences n'appartiennent qu'à ceux qui veulent les multiplier ; elles amènent la sagesse et une grande humilité.

74. La calomnie est comme le cancer ; elle ne fait pas de bruit, mais elle tue le calomniateur à petit feu.

75. Ne vous sous-estimez pas quand vous devez communiquer verbalement avec un interlocuteur ; pensez et parlez positivement.

76. Pour avoir une meilleure estime de vous, prouvez-vous que vous êtes capable de faire quelque chose à partir de vos talents naturels, même si ce n'est pas grand-chose.

77. En fréquentant ceux qui ont une grande estime d'eux-mêmes (sans être des fats), vous apprendrez à agir et à penser comme eux et, à votre tour, vous inspirerez le respect et la considération.

78. Si vous n'avez personne autour de vous pour vous encourager et pour applaudir vos initiatives, faites-le vous-même, cela n'en sera que plus efficace.

79. Si l'habit ne fait pas le moine, la façon de vous vêtir dévoile quand même l'estime et la détermination que vous avez de vous-même.

80. On se connaît soi-même généralement très mal et on est peu conscient de ses capacités et de son potentiel. Passez des tests d'aptitude et de personnalité ; vous découvrirez en vous des possibilités extraordinaires que vous n'auriez jamais soupçonnées.

81. Changez ce que vous pouvez changer de votre apparence, si ça doit vous rendre heureux et plus sûr de vous, mais souvenez-vous que votre façon d'être, de penser, d'agir, et tout votre charisme effacent vos disgrâces mieux que n'importe quelle chirurgie.

82. Ne vous éparpillez pas à vouloir tout changer à la fois. Dites-vous bien qu'un seul changement important peut parfois en entraîner plusieurs dans son élan.

83. Les enfants sont les seuls juges de votre intégrité. S'ils vous attirent et sont attirés par vous, vous êtes une personne sincère.

84. Faites du mieux que vous pouvez, mais ne faites jamais de promesses que vous n'êtes pas certain de pouvoir tenir. Surtout à un enfant.

85. Faites appel à la sagesse et à la puissance divine pour vous réorienter si vous avez perdu le chemin de la confiance.

86. Prenez soin de votre monde et de tout ce qui vous entoure. Votre environnement et ceux qui le composent représentent un jardin que vous devez cultiver avec amour.

87. Peu importe le talent, à partir du moment où vous créez de vos mains, vous vous prouvez que vous êtes capable de vous surpasser.

88. Soyez en relation avec des êtres qui se valorisent et valorisent les autres, c'est comme cela que vous évoluerez.

89. Concentrez-vous sur vous-même ; visualisez l'action immédiate pour faciliter et pour simplifier sa réalisation.

90. Tenez-vous droit, les épaules dégagées, la tête haute ; ces attitudes vous rendent invulnérable.

91. Il n'y a pas de honte à se reconsidérer, c'est une façon intelligente de vouloir évoluer.

92. Le miroir reflète toujours la même image de vous mais derrière celui-ci, il y a le reflet de votre âme.

93. Inconsciemment et spontanément, les enfants ont une attitude téméraire à courir des risques; prenez un peu exemple sur eux pour augmenter votre confiance. Souvenez-vous que vouloir, c'est pouvoir!

94. Rentrez en prière avec le Créateur; la paix de l'âme est le repos de la pensée.

95. La vie est comme un jardin, vous ne récolterez que les fruits et les fleurs que vous y aurez semés.

96. Il arrive parfois que le moral soit au plus bas; évadez-vous, sortez et partez à la conquête de votre estime personnelle.

97. Ne vous laissez pas atteindre par des agressions physiques ou verbales; apprenez à vous défendre par des cours d'autodéfense psychique.

98. Il faut toujours rechercher le point faible du problème, car une fois ce point découvert, le problème est solutionné.

99. Soyez en bons termes avec votre moi; vous fabriquerez alors la meilleure image mentale de vous-même.

100. Quand vous aurez bien assimilé les 99 conseils et préceptes précédents, vous ferez partie de ceux et celles qui savent penser grand!

BIBLIOGRAPHIE

CALVERT, Russel. *L'art de se parler à soi-même*, Caplan (Québec), Éditions Comment, 1992.

GARIBAL, Gilbert. *La méthode Coué*, Paris, Éditions De Vecchi, S. A., 1999.

GROC DE SALMIECH, Charles. *Fini le stress, grâce à la méthode Vittoz*, Paris, Éditions De Vecchi, S. A., 1990.

HARDY, Christine. *Découvrez la pensée positive*, Monaco, Éditions du Rocher, 1999.

MURPHY, Joseph. *La puissance de votre subconscient*, Montréal, Éditions du Jour, 1973.

ROLLINS, Catherine E. *52 façons de développer son estime personnelle et la confiance en soi*, Saint-Hubert (Québec), Un Monde Différent, 1993.

SCHWARTZ, David J. *La magie de voir grand*, Saint-Hubert (Québec), Un Monde Différent, 1993.

SCHWARTZ, David J. *La magie de penser succès*, Saint-Hubert (Québec), Un Monde Différent, 1989.

TABLE DES MATIÈRES

**Feuillet
de circulation**

06.03.375-8 (05-93)